U0937675

中/青/文/库

本书得到中国青年政治学院出版基金资助

中国女性非正规就业研究：基于性别差异视角

袁　霓◎著

中国社会科学出版社

图书在版编目(CIP)数据

中国女性非正规就业研究：基于性别差异视角／袁霓著．—北京：中国社会科学出版社，2015.6

ISBN 978－7－5161－5760－2

Ⅰ．①中…　Ⅱ．①袁…　Ⅲ．①女性—就业问题—研究—中国　Ⅳ．①D669.2

中国版本图书馆 CIP 数据核字（2015）第 062994 号

出 版 人　赵剑英
责任编辑　李炳青
责任校对　季　静
责任印制　李寡寡

出　　版　中国社会科学出版社
社　　址　北京鼓楼西大街甲 158 号
邮　　编　100720
网　　址　http：//www.csspw.cn
发 行 部　010－84083685
门 市 部　010－84029450
经　　销　新华书店及其他书店

印刷装订　北京金瀑印刷有限责任公司
版　　次　2015 年 6 月第 1 版
印　　次　2015 年 6 月第 1 次印刷

开　　本　710×1000　1/16
印　　张　11.25
插　　页　2
字　　数　190 千字
定　　价　45.00 元

《中青文库》编辑说明

中国青年政治学院是在中央团校基础上于1985年12月成立的，是共青团中央直属的唯一一所普通高等学校，由教育部和共青团中央共建。中国青年政治学院成立以来，坚持“质量立校、特色兴校”的办学思想，艰苦奋斗、开拓创新，教育质量和办学水平不断提高。学校是教育部批准的国家大学生文化素质教育基地，中华全国青年联合会和国际劳工组织命名的大学生KAB创业教育基地。学校与中央编译局共建青年政治人才培养研究基地，与北京市共建社会工作人才发展研究院和青少年生命教育基地。

目前，学校已建立起包括本科教育、研究生教育、留学生教育、继续教育和团干部培训等在内的多形式、多层次的教育格局。设有中国马克思主义学院、青少年工作系、社会工作学院、法律系、经济系、新闻与传播系、公共管理系、中国语言文学系、外国语言文学系等9个教学院系，文化基础部、外语教学研究中心、计算机教学与应用中心、体育教学中心等4个教学中心（部），轮训部、继续教育学院、国际教育交流学院等3个教学培训机构。

学校现有专业以人文社会科学为主，涵盖哲学、经济学、法学、文学、管理学5个学科门类。学校设有思想政治教育、法学、社会工作、劳动与社会保障、社会学、经济学、财务管理、国际经济与贸易、新闻学、广播电视学、政治学与行政学、汉语言文学和英语等13个学士学位专业，其中社会工作、思想政治教育、法学、政治学与行政学为教育部特色专业。目前，学校拥有哲学、马克思主义理论、法学、社会学、新闻传播学和应用经济学等6个一级学科硕士授权点和1个专业硕士学位点，同时设有青少年研究院、中国马克思主义研究中心、中国志愿服务信息资料研究中心、大学生发展研究中心、大学生素质拓展研究中心等科研机构。

在学校的跨越式发展中，科研工作一直作为体现学校质量和特色的重要内容而被予以高度重视。2002 年，学校制定了教师学术著作出版基金资助条例，旨在鼓励教师的个性化研究与著述，更期之以兼具人文精神与思想智慧的精品的涌现。出版基金创设之初，有学术丛书和学术译丛两个系列，意在开掘本校资源与移译域外菁华。随着年轻教师的剧增和学校科研支持力度的加大，2007 年又增设了博士论文文库系列，用以鼓励新人，成就学术。三个系列共同构成了对教师学术研究成果的多层次支持体系。

十几年来，学校共资助教师出版学术著作百余部，内容涉及哲学、政治学、法学、社会学、经济学、文学艺术、历史学、管理学、新闻与传播等学科。学校资助出版的初具规模，激励了教师的科研热情，活跃了校内的学术气氛，也获得了很好的社会影响。在特色化办学愈益成为当下各高校发展之路的共识中，2010 年，校学术委员会将遴选出的一批学术著作，辑为《中青文库》，予以资助出版。《中青文库》第一批（15 本）、第二批（6 本）、第三批（6 本）出版后，有效展示了学校的科研水平和实力，在学术界和社会上产生了很好的反响。本辑作为第四批共推出 12 本著作，并希冀通过这项工作的陆续展开而更加突出学校特色，形成自身的学术风格与学术品牌。

在《中青文库》的编辑、审校过程中，中国社会科学出版社的编辑人员认真负责，用力颇勤，在此一并予以感谢！

前　　言

非正规就业一直是近年来国际范围内关注的话题，有资料显示，在发展中国家中，有半数以上的非农劳动者从事非正规就业，在中国经济转型和结构调整的过程中，非正规就业也得到了快速发展，非正规就业被称为吸纳就业的“海绵”，成为中国经济发展中解决就业问题的重要途径。

在非正规就业兴起与发展过程中，女性就业非正规化的趋势较为明显，女性更多地集中在低质量的、非正规的就业领域。非正规就业者的收入一般低于正规就业者的收入，然而非正规就业中的工资性别差异通常要大于正规就业中的工资性别差异，由此在劳动力市场中女性非正规就业者处于收入的最低端。女性非正规就业者不仅在经济收入方面处于不利地位，而且通常缺乏劳动稳定性和社会保护，没有必要的社会福利和医疗保障。女性更多地集中在非正规就业，不仅会成为女性自我发展的制约性约束，也意味着女性在劳动力市场中的边缘化，从而降低女性非正规就业者向上流动的可能性。女性更多从事非正规就业不仅仅是一种劳动力现象，还与妇女问题、贫困问题、公共福利等密切相关，由此对女性非正规就业的研究不可或缺。

自从非正规就业在我国产生和发展以来，针对非正规就业的研究层出不穷，然而作为非正规就业中的一大群体，女性的非正规就业研究却一直未得到足够的重视，而从性别差异视角的探讨就更为缺乏。女性非正规就业的发展趋势如何？其就业现状特征如何？为什么女性更有可能成为非正规就业者？非正规就业中的收入性别差异究竟有多大？女性非正规就业者的社会保障程度较低是由哪些因素决定的？这些问题都值得我们深入探讨，从而形成对女性非正规就业较为完善的研究体系。

本书运用计量经济学方法，借助经济学相关理论知识，从性别差异角度对女性非正规就业进行研究。本书利用宏观、微观统计数据以说明女性非正规就业的发展过程与现状，并对中国存在女性就业非正规化的趋势与程度作出判断，在此基础上对女性非正规就业选择影响因素进行实证分析。由于收入较低和社会保障程度低是非正规就业的两大重要特征，本书将利用微观计量经济学的方法从收入、社会保障两个方面分析女性非正规就业者收入决定和社会保障参与的影响因素，并分析男女两性存在的差异。

通过以上研究，本书得出以下研究观点：

无论是基于宏观统计数据还是微观住户数据，都表明中国女性劳动者存在显著的就业非正规化趋势。由于非正规就业通常具有工作不稳定、收入较低、工作时间较长、缺乏社会保障的特点，因此在女性劳动参与率下降的同时，女性更多地从事非正规就业，表明女性在就业数量和就业质量上都没有得到提升，反映了女性在劳动力市场上存在被边缘化的倾向。

个人特征、家庭特征、户籍因素会对女性是否从事非正规就业产生影响。但即使在控制个人特征、家庭特征、地区等一系列因素后，女性劳动者从事非正规就业的概率仍旧比男性高。这表明女性非正规就业的选择还受到其他因素的影响，这些因素可能包括性别歧视等，而女性就业非正规化的根本原因在于女性就业平等权的缺失。

即使在非正规就业内部，女性就业者也处于不利地位。非正规就业内部存在职业、行业的性别隔离，形成所谓的“女性行业”、“女性职业”，而具体的行业、职业又影响着收入水平。

非正规就业中存在较为明显的收入性别差异，并且这种收入性别差异有扩大的趋势，与此同时非正规就业者与正规就业者的收入差距也在逐渐扩大，由此非正规就业女性处于收入的最底端。借助收入差异分解方法，发现教育、工作经验对工资收入差异的形成起到了一定作用，但非正规就业中的收入性别差异不能完全由男女性个人特征、家庭特征、工作特征、地区特征中的差异所解释，这表明在非正规就业中存在男女同工不同酬的现象。

在社会保障层面，女性非正规就业者的整体水平比较低，但本地户籍的女性非正规就业者的社会保障水平相对较高，而女性农民工的社会保障水平最为低下。制度性因素，如是否拥有工作地户籍是影响女性非正规就业者参加养老和医疗保险的最重要因素。但一些非制度性因素，如年龄、收入、职业、非正规就业类型等也影响着女性非正规就业者是否参加社会保险。女性非正规就业者拥有社会保险的可能性要比男性低，但这种性别差异更多是由其个人特征、收入、行业、职业和非正规就业类型的性别隔离所造成的。

袁霓

2014 年 1 月

目　　录

第一章　绪论

第一节　研究问题的提出

一　选题背景

近年来，各国的劳动力市场发生了很大变化，其中一个主要表现是非正规就业的兴起与发展。自20世纪70年代以来，传统正规的就业方式已经难以解决日益增大的就业压力，非正规就业作为缓解失业的重要渠道引起国际劳工组织和各国政府的普遍关注，非正规就业也成为各国缓解劳动力市场紧张、解决失业问题的主要途径。[①] 有资料显示，在发展中国家中有半数以上的非农劳动者从事非正规就业；在拉丁美洲和亚洲，分别有51%和71%的劳动者从事非正规就业。[②] 20世纪90年代，整个非洲的新增就业机会中有90%以上是由非正规部门创造的。在拉丁美洲，一些国家的新增就业机会全部来自于非正规经济的增长。[③] 即使在发达国家，劳动统计学家也开始使用非正规就业的概念。发达国家的非正规就业以正规部门中的非正规就业为主。各种非全日制就业、临时就业、自我雇佣成为新增就业的主要组成部分。1998—2003年，欧盟全日制工作岗位减少了12.5万个，而非全日制岗位增加了250万个。在经济最为发达的美国，各种非正规形式的灵活就业约占就业总量的30%，日本的非全日制灵活就业形式也占

---

① Chen, Martha, "Women in the Informal Sector", *SAIS Review*, Vol. 11, No. 1 Winter-Spring, 2001, pp. 71－82.

② Chen, Martha, "Informality and Social Protection: Theories and Realities", *IDS Bulletin*, Vol. 39, No. 2, 2008, pp. 18－27.

③ 姚宇：《国外非正规就业研究综述》，《国外社会科学》2008年第1期。

所有就业的25%。[①]

近年来非正规就业在中国也得到了快速发展，非正规就业已发展成为重要的就业形式。中国非正规就业的发展，是伴随着经济改革开放、农村劳动力转移和劳动力就业结构的调整而发展形成的。自中国政府实施改革开放、发展经济的政策以来，其中一项重要改革是推进企业所有制的多元化。1997年中国共产党第15次全国代表大会上，国家作出了加速国有企业改革步伐的决定，大量精简人员，许多亏损企业被迫关闭。1992—2001年，在中国城镇地区，市场改革导致约1/3的国有企业工人（360万）下岗。[②] 2001年中国加入世界贸易组织后，国有企业的改革进一步深化。根据世界贸易组织条款，中国政府必须大幅度削减对国有企业的补贴。在这种大背景下，许多企业破产、私有化，大量国有企业工人面临着失业。与此同时，中国的非正规就业市场得到了极大发展。1995—2004年，80—90%的下岗工人在个人和小型企业实现了再就业，或者自我雇佣，[③] 而这些人从事的大多数为非正规就业。由此非正规就业被称为吸纳就业的"海绵"，其增长已经成为中国城镇就业新增岗位的主导渠道。"九五"期间（1995—1999年），中国从业人员新增1921万人，增长了10.1%，同期，非正规部门从业人员新增1422万人，增长了69.5%，新增非正规就业人数占从业人员增长总量的74.0%。与此同时，正规部门职工总数下降了3135万人。[④]

虽然在中国经济转型和结构调整的过程中，非正规就业得到了快速发展，但因为统计数据的缺乏，目前很难准确地度量中国城镇非正规就业的实际规模，不同研究结果所得结论也有所不同，ILO也尚未把中国充分纳入其分析范围。但中国城镇非正规就业的总体规模已经不能忽

---

① 何平、华迎放等：《非正规就业群体社会保障问题研究》，中国劳动社会保障出版社2008年版，第162页。

② Lardy, Nicholas, 2002. *Integrating China into the Global Economy.* Washington, DC: Brookings Institution Press, 2002.

③ Betcherman, Gordon and Niels-Hugo Blunch, *Characteristics and Experiences of Laid-Off Workers: Evidence from China.* mimeo. World Bank, 2006. Giles, John, Albert Park, and Fang Cai, "How has Economic Restructuring Affected China' s Urban Workers?" *The China Quarterly*185, 2006, pp. 61 –95.

④ 胡鞍钢、杨韵新：《就业模式转变：从正规化到非正规化——我国城镇非正规就业状况分析》，《管理世界》2001年第2期。

视。据任远、彭希哲（2007）估计，2002年中国城镇非正规就业经济规模在3.72万亿—4.03万亿之间，占当年国内生产总值105172.3亿元的35.4%—38.3%。[①] 胡鞍钢、赵黎（2006）根据政府公布数据，利用差值法估计出我国非正规就业的总规模2002年为13910万人，2004年达到15539万人。非正规经济新增就业约占城镇新增就业的80%以上。[②] 吴要武、蔡昉（2006）估计2002年中国城镇非正规就业的总人数在1.07亿—1.24亿人之间，大约占城镇劳动者的43%—50%。[③] 由此非正规就业已经成为我国城镇地区一种重要的就业形式，是中国解决失业问题的重要渠道。非正规就业问题已经成为研究中国经济与社会的重大课题。

在非正规就业兴起与发展过程中，女性就业非正规化的趋势较为明显。在发展中国家，非正规就业是女性就业的基本源泉。ILO研究结果表明，目前全世界52%的就业女性从事非正规就业。[④] 在亚洲，73%的女性劳动者从事非正规就业。例如，在印度和印度尼西亚，在从事非农就业的女性中，10个女性中有9个从事非正规就业。在可获得数据的10个拉丁美洲和4个东亚国家，半数以上的非农就业女性从事非正规就业。[⑤]

自从非正规就业在我国产生和发展以来，针对非正规就业的研究并不少见。但作为非正规就业中的一大群体，女性的非正规就业问题却一直未得到足够的重视，而从性别差异视角的探讨就更为缺乏，特别是迄今为止也尚无确切的按性别划分的非正规就业人员的规模数据。中国的改革开放和经济高速增长为中国妇女提供了新的发展机会，但发展市场经济为目标的经济改革弱化了国家对妇女的保护，在一定程度上加剧了劳动力市场上男女之间的不平等，同时男女之间在社会、经济和政治等

① 任远、彭希哲主编：《2006中国非正规就业发展报告：劳动力市场的再观察》，重庆出版社2007年版，第78页。

② 胡鞍钢、赵黎：《我国转型期城镇非正规就业与非正规经济（1990—2004）》，《清华大学学报》（哲学社会科学版）2006年第3期。

③ 吴要武、蔡昉：《中国城镇非正规就业：规模与特征》，《中国劳动经济学》2006年第4期。

④ ILO, "Statistical update on employment in the informal economy", Geneva: International Labor office, 2011.

⑤ Chen, Martha, "Informality and Social Protection: Theories and Realities", *IDS Bulletin*, Vol. 39, No. 2, 2008, pp. 18 -27.

领域的不平等、社会对女性的歧视尚未废除。因此尽管经济高速增长使得妇女获得有报酬的就业机会有所增加，但她们比男人更有可能从事不稳定、报酬较低、缺乏社会福利和保障的非正规就业。国家发展和改革委员会产业发展研究所专家组所作的报告显示，中国女性就业呈现出边缘化趋势，非正规就业逐渐成为中国女性的主要就业方式。这意味着在中国经济快速发展过程中，可能存在着女性从正规部门到非正规部门的被挤出趋势。此外，国内外的一些研究表明，在非正规就业中，存在着劳动分工的性别差异，非正规就业金字塔的上层以男性群体为主，而女性聚集的职业或职位常常是那些技术要求低、收入较低或无收入、劳动时间长、内容琐碎的工作，如非农自我雇佣工人、家政服务人员等。[①] 由此在劳动力市场中，女性非正规就业者可能会被进一步边缘化，薄弱的就业管理和社会保护会成为女性持续发展的制约性因素，这无疑对女性进而对整个社会产生不利影响。

目前，虽然学者们普遍认同中国女性非正规就业者在就业数量、职业分布、收入分配、社会保障等方面存在明显的性别特征，并对女性发展产生着深远的影响。但是对于女性非正规就业者的这些特征，存在着并不完全清楚的判断与理解，尚未形成较为完善的研究体系。学者们对中国非正规就业是否存在女性化趋势还有争议，但普遍认同女性劳动的非正规化是一个较明晰的趋向。那么女性劳动的非正规化是否意味着，在同等条件下女性比男性更易从事非正规就业？哪些因素影响着女性劳动者的非正规就业选择？本书将就此重点展开研究。

与正规就业相比，非正规就业的“非正规性”主要表现为雇佣关系不稳定、不规范；非正规就业者通常收入较低，缺乏基本的社会保护与社会保障；劳动时间较长，进入和退出的成本较低，从事职业变换频率快等特点。其中收入较低、缺乏社会保障是非正规就业的最主要特征。一些学者研究发现，女性非正规就业者的平均收入水平要低于男性，但非正规就业中存在的收入性别差异是由什么因素造成的呢？是因为女性

---

① 任远、彭希哲主编：《2006 中国非正规就业发展报告：劳动力市场的再观察》，重庆出版社 2007 年版，第 108—115 页。Heintz, James, “Globalisation, Economic Policy and Employment: Poverty and Gender implications” (Geneva: International Labour Office, Employment Policy Unit, Employment Strategy Department) [Online] Available at: www. ilo. org/public/english/employment/strat/download/esp2006 – 3. pdf, 2006。

具有较低的人力资本，还是由于女性更多地聚集在收入较低的职业和行业中？或是“性别歧视”？除去收入低外，非正规就业的另一个显著特征是社会保障程度较低，那么造成女性非正规就业者社会保障程度较低的原因是什么？男女非正规就业者在拥有社会保障程度上是否存在差异，造成这种差异的原因是什么？由此本书在分析女性非正规就业者个人、就业、社会保障特征的基础上，重点对女性非正规就业的收入决定、社会保障进行实证分析，并对男女性之间存在的差异展开讨论。

二　研究目的与意义

本书研究的目的在于对女性非正规就业群体在就业规模、就业决策、行业及职业分布、收入、社会保障等方面做深入研究，并对这些方面可能存在的性别差异作出分析，进而掌握女性在非正规就业中所处的不利地位及其原因，由此国家可以有针对性地制定和健全相关的法律、法规及政策，在全社会营造平等的就业环境，保障女性非正规就业者的合法权益，并对女性总体社会经济地位的提高产生深远影响，使非正规就业成为实现促进就业、经济发展目标的有效工具，从而对整个社会经济的增长做出贡献。

本书的研究意义主要在于以下两个方面：

（一）理论意义

理解女性为何更多地集中在非正规就业是女性非正规就业研究领域的一个基本问题。本书从劳动经济学领域、从微观角度研究女性非正规就业选择影响因素，有助于对这一基本问题的理解与研究。本书对女性非正规就业的定量研究做了进一步补充，形成了相对完善的女性非正规就业的研究框架。

（二）实践意义

本书对女性非正规就业的规模、群体特征、就业决策、收入及社会保障影响因素作了较为全面的分析，特别是从性别差异视角进行对比，形成对女性非正规就业较为全面的认识，并得到一些有意义的结论，从而更深刻地理解女性非正规就业的发展及存在的问题。本研究的展开，可以为相关的社会经济政策和性别决策主流化提供参考，从而能够帮助制定更为有效的就业政策，使一个国家的劳动力更有效地进行生产活动，使得非正规就业转化为女性发展的动力而非阻力。

三　非正规就业概念与界定

（一）非正规就业概念

“非正规就业”概念来源于“非正规部门”一词。在20世纪60年代有关贫困和就业问题的一系列研究中，国际劳工组织（ILO）发现在发展中国家中存在着大量以维持生计为目的，未经政府承认登记，也得不到政府管理和保护的经济活动。国际劳工组织社会人类学家哈特（K. Hart）在加纳调查时发现：低收入者很难从进口替代工业或政府公共部门中找到工作，他们主要从事低工资的工作或自我雇佣（self-employment），哈特称之为非正规部门（informal sector）就业。哈特第一次提出了政府不仅要重视失业，更应该关注发展中国家普遍存在的“有工作的穷人”。①

1972年国际劳工组织关于肯尼亚的就业报告中首次对非正规部门相关问题进行了研究。在《1991年局长报告：非正规部门的困境中》，国际劳工组织将非正规部门（informal sector）认定为“发展中国家城市地区那些低收入、低报酬、无组织、无结构的很小生产规模的生产或服务单位”。在这次国际劳工大会上，国际劳工组织秘书长米歇尔·昂塞纳（Michel Hansenne）对非正规部门作了如下详细的描述：“非正规经济部门的人员是指规模非常小的商品生产者和劳务提供者，大部分是独立小业主，主要存在于发展中国家的城市地区。有些小业主仅雇佣家庭成员，也有一些雇佣为数不多的雇员或学徒。他们拥有极少量的资本或没有资本，生产技术落后，生产效率极低，收入水平很低，工作不稳定。他们的经济活动之所以被称为非正规的，是因为他们中的大部分人没有在官方统计机构登记，几乎不能进入有组织的劳务市场，得不到金融机构的资金，得不到正规的教育和培训，也得不到政府的承认、支持和管理。被形势与环境所迫，他们往往在法律框架之外开展业务，尽管偶尔也在政府统计机构登记并经营，但其经营场所几乎不受社会保障、劳动法规及劳动保护措施的约束。”②。1993年1月第15届国际劳动统计学家大会（International Conference of Labour Statisticians，ICLS）上正

---

① Hart, K.，“Small Scale Entrepreneurs in Ghana and Development Planning”，*Journal of Development Planning*，July，1971.

② 张彦：《非正规就业：概念辨析及价值考量》，《南京社会科学》2010年第4期。

式给出了非正规部门的定义。非正规部门指以个人或家庭经营为基础的小规模从事商品生产、流通和服务的单位，包括微型企业、家庭型的生产服务单位和自营劳动者。

“非正规部门”概念提出后被许多国家不同程度地加以引用，但不同国家对“非正规部门”的界定有所不同，特别是各国对小规模的具体标准也有所不同。例如泰国的非正规部门包括自谋职业和有 20 名以下工人的小企业，印度尼西亚认定非正规部门指自谋职业者，将微型企业排除在外，菲律宾则将自谋职业者和官方统计之外的部门认定为非正规就业部门。

对于 1993 年国际劳动统计学家大会的非正规部门定义，学者们也存在很多批评与质疑。一些批评家认为从事很小规模或偶然自我雇佣的经济活动很难在统计调查中被统计出来，虽然这些经济活动符合以生产单位为基础的非正规部门定义。另一个批评是，由于难以区分不同的就业身份，例如自由职业者、分包商或所从事的经济活动处于自我就业和工资就业边缘的就业者，由此导致在统计非正规部门时会存在一些错误。此外，在对非正规部门的研究过程中发现非正规性就业不仅发生在非正规部门，也发生在正规部门，因此非正规部门就业难以涵盖不断产生的各种非正规性的经济形式。为此，2003 年 11 月第 17 届国际劳动统计学家大会上提出了非正规就业（informal employment）的概念。所有在非正规部门的就业、正规部门中的非正规工作及自营劳动都是非正规就业。非正规部门就业与非正规就业的最大区别是观察单位不同。非正规部门就业是以就业部门或者以生产单位为观察单位的，而非正规就业观察单位是工作，它是指经济活动中非正规性工作的总数，不管该工作是在正规部门还是在非正规部门。

非正规就业是相对于正规就业而言的。非正规就业作为一种就业形态，既包括非正规部门的就业，又包括在正规部门中没有确定正式的劳动关系、福利制度和社会保障的就业形式。与非正规部门的概念不同，非正规就业的概念不仅适用于发展中国家和经济转型国家，也适用于发达国家。但第 17 届国际劳动统计学家大会也承认，非正规就业的相关概念在不同国家可能会有所不同，取决于各个国家具体情况及统计发展水平。

图 1－1 给出了国际劳工组织关于非正规就业的概念框架图。非正规经济指单元格中 1—10 的经济活动，非正规就业指不论在正规的或非

正规的企业中进行的所有非正规工作，或指在一定的参照期内所有从事非正规工作的人，即单元格 1—6 和 8—10 的和。格 1 和格 5 指对家庭有贡献的工人，即没有正规部门企业（格 1）或非正规部门企业（格 5）的就业合同和不受源于工作的法律或社会保护的工人（有就业合同、工资、社会保护等对家庭有贡献的工人被视为正规就业的雇员）。格 2、格 6 和格 10 指有非正规工作的雇员，无论受雇于正规部门企业（格 2）或非正规部门企业（格 6）的雇员或作为有酬家庭工人（格 10）。格 3 和格 4 指拥有自己非正规企业的个体劳动者（格 3）和雇主[①]（格 4）。格 7 指在非正规部门企业但有正规工作的雇员（这种情况有可能发生，如在以规模作为唯一划分标准时该企业被确定为非正规企业）。格 8 指非正规的生产者合作社成员。格 9 指供家庭自我消费的产品生产者，如自给自足的农业生产者。

按类型划分的生产单位	按就业身份划分的工作								
	个体劳动者（own-account workers）		雇主（employers）		对家庭有贡献的工人（contributing family workers）		雇员（employees）		生产者合作社成员（memebers of producers' cooperatives）
	非正规	正规	非正规	正规	非正规	非正规	正规	非正规	正规
正规部门企业					1	2			
非正规部门企业	3		4		5	6	7	8	
家庭	9					10			

图 1－1　非正规就业概念框架图

注：1. 根据第 15 届国际劳工组织统计大会（1993）的定义，“非正规部门”指私营非法人企业，就业规模一般会低于某一个标准（不同国家会有所不同，通常为 5—10 名工人）。“家庭”作为生产单位统计。

2. 无颜色格代表非正规就业。

3. 非正规部门就业 = 3 + 4 + 5 + 6 + 7 + 8

非正规就业 = 1 + 2 + 3 + 4 + 5 + 6 + 8 + 9 + 10

① 由于非正规工人和非正规部门的企业主都具有高度的脆弱性，国际劳工组织将非正规部门企业雇主（格 4）也纳入非正规就业关注的范围。

虽然国际劳工组织给出了非正规就业的概念框架图，然而作为一个概念，非正规就业在实际中仍然存在较多的争论。作为一种经济活动，非正规就业在发达国家和发展中国家普遍存在，但在发达国家早期文献中通常不使用非正规就业的概念，多使用非典型就业（atypical employment）或非标准工作（nonstandard work），这种非典型工作包括非全日工作（part-time work）、临时就业（temporary work）、劳务派遣（dispatched work）、偶然工作（contingent work）等。另一方面，虽然国际劳工组织关于非正规就业的概念性框架图可以比较全面地囊括几乎所有的非正规就业，但在实际非正规就业的估算中，存在着种种统计上的测算困难。

虽然根据国际劳工组织的推荐，比较完善的非正规就业统计方法是汇总法。即依据国际劳工组织对非正规就业的概念性框架，把属于非正规就业的几类人员数量进行加总，但这是相当困难的。一方面各国对于非正规就业的表述不同，非正规就业包括的具体种类因传统习惯和其他因素的影响有一些差别。另一方面，由于受到数据的限制，关于国家之间非正规就业状况的比较是比较困难的。因为由于采用不同非正规就业的定义，会存在数据收集的不一致，由此产生可信赖数据的不一致性。①

表 1－1　　**不同地区非正规就业规模比较（2002 年）**

非正规就业的比例	非洲	拉丁美洲与加勒比海地区	亚洲
非农就业中	78%	57%	45%—85%
城镇就业中	61%	40%	40%—60%
新增就业中	93%	83%	缺省

资料来源：K. F. Becker，"Fact Finding Study：The Informal Economy"，Swedish International Development Agency，2004，p. 19。

表 1－1 给出了 K. F. 贝克尔计算的不同地区非正规就业规模的比较。可以看到在非农就业中，非洲、亚洲和拉丁美洲的非正规就业比例基本上都超过了 50%，而在新增就业中，非洲地区非正规就业规模的比例达到了 93%。而根据国际劳工组织数据（ILO，2005），在发展中

① ILO，"Women and Men in the Informal Economy：A Statistical Picture"，Geneva：International Labor Office，2002.

国家，非农就业中的非正规就业占到了1/3至一半，在北非的比例是48%，拉丁美洲为51%，亚洲为65%（如果南亚地区一些国家数据可得，亚洲非正规就业的比例会更高）。在15个欧洲国家，自我雇佣、兼职工作、临时工作占到了总就业的30%，而美国这一比例为25%。[①] 虽然在发达国家并不是所有的自我雇佣、兼职工作、临时工作都是非正规就业，但这类工作大部分缺乏社会保障，或不被劳动法和社会保障制度所覆盖。

（二）国内学者对非正规就业的界定与探讨

自中国经济体制改革以来，中国的劳动力市场经历了四个结构性的改变：农村劳动力转移、失业的出现、非正规就业的发展及收入差距的扩大，其中非正规就业的发展近年来得到了政府和广大学者的普遍关注。非正规就业是一个外来的词汇，在中国最初使用的是灵活就业[②]的概念。在国际劳工组织对非正规就业概念的变化、发展中，结合中国的实际情况，国内学者也逐渐形成了对我国非正规就业的认识。

中国早期非正规就业的定义多来自于各地的劳动部门，如上海、吉林、太原等地的劳动部门关于非正规的说法为："非正规就业是指下岗失业人员介入或组织起来，通过参与社区的便民利民服务、市容环境建设等的公益性劳动，为企事业单位提供各种临时性、突击性的劳务及家庭手工业、工艺作坊等形式进行生产自救，又无法建立或暂无条件建立劳动关系的一种就业形式。"[③] 从此定义中可以看到，在中国非正规就业的发展初期，官方对中国非正规就业理解的出发点是解决当时城市下岗职工再就业问题，很显然从这个定义出发来讨论当前中国的非正规就业的发展情况是非常不全面的。

在随后的研究中，许多学者对中国非正规就业所包含的部门进行了研究。如一些学者认为非正规部门指"在依法设立的独立法人单位（企事业、政府机构和社会团体、社会组织）之外的规模很小的经营单

---

① ILO，"World Employment Report 2004－05：Employment，Productivity and Poverty Reduction"，Geneva：International Labor Office，2005.

② 由于中国早期官方和学术论文中多用"灵活就业"的概念，为了在论述过程中进行比较，在本书有少数地方出于论述语言的需要也使用了"灵活就业"的描述，与"非正规就业"具有相同含义。

③ 姚宇：《中国城镇非正规就业》，博士学位论文，复旦大学，2005年，第12页。

位，包括有：由个人、家庭或合伙自办的为社会需要提供商品和服务的微型经营实体，如个体经营户、家庭手工业户、雇工在七人以下的个人独资企业等；以社区、企业、非政府社团组织为依托，以创造就业和收入为主要经营目标的生产自救性和公益性劳动组织；其他自负盈亏的独立劳动者"。①

随着学者们对中国非正规就业现象的深入研究，我国学者基本上对非正规就业同时存在于正规部门的看法形成共识。我国的非正规就业主要是指广泛存在于非正规部门和正规部门中的，有别于传统典型的就业形式。包括有："（1）非正规部门里的各种就业门类；（2）正规部门里的短期临时就业、非全日制就业、劳务派遣就业、分包生产或服务项目的外部工人等，即正规部门里的非正规就业。"②

然而在实际中界定并统计非正规就业时，学者们在非正规就业的内涵上仍存在较大分歧。特别是由于目前统计数据采集系统的不完善，还不能完全按照国际劳动组织关于非正规就业的概念框架图来统计我国非正规就业规模。由此学者们借鉴国际劳工组织的定义，结合中国的实际国情，形成了不同的非正规就业的统计界定。例如胡鞍钢、赵黎（2006）将城镇私营企业从业人员、个体经济从业人员和没有纳入国家就业统计的从业人员，定义为非正规就业，③ 但将私营企业人员全部视为非正规就业无疑会高估非正规就业的规模。吴要武、蔡昉（2006）在研究中，将没有签订劳动合同的受雇者、劳务派遣工、社区管理和公益服务劳动者、雇佣七人以下的个体工商户定义为非正规就业。④ 姚宇（2006）将非正规就业定义为正规部门中没有正式劳动关系的就业形式，以及非正规部门中一直处于不稳定状态的就业，具体包括城镇国有企业或集体企业下岗职工、自谋职业者、个体从业人员和小型私营企业就业者，以及流入城市的绝大多数农村劳动者。⑤ 万向东（2008）则认

---

① 姚宇：《中国城镇非正规就业》，博士学位论文，复旦大学，2005年，第12页。

② 胡鞍钢、杨韵新：《就业模式转变从正规化到非正规化——我国城镇非正规就业状况分析》，《管理世界》2001年第2期。

③ 胡鞍钢、赵黎：《我国转型期城镇非正规就业与非正规经济（1990—2004）》，《清华大学学报》（哲学社会科学版）2006年第3期。

④ 吴要武、蔡昉：《中国城镇非正规就业：规模与特征》，《中国劳动经济学》2006年第4期。

⑤ 姚宇：《中国非正规就业规模与现状研究》，《中国劳动经济学》2006年第2期。

为，非正规就业是指具有非正式的雇佣关系（如无劳动合同、采取临时雇佣方式、随意决定工资等）、未进入政府征税与监管体系、就业性质处于低层次和边缘地位的劳动就业。[①]

从以上论述可以看出，目前我国对于非正规就业的定义还没有形成一个统一的口径，但非正规就业中就业方式、雇佣关系所存在的非正规性得到了大多数学者的认可。

四　本书非正规就业的界定及所用数据

学术界不仅在非正规就业概念界定上存在着诸多分歧，在实际统计衡量时，概念上的界定和统计上的衡量之间也会存在诸多矛盾。因此准确衡量非正规就业具有一定的难度。此外，根据不同的定义及划分标准，在文献中会得到并不完全一致的非正规就业统计数据。

非正规就业统计定义的最大难点在于很难有一条明确的界限来划分正规就业和非正规就业。在利用宏观或微观数据统计非正规就业时，目前大致有以下四种方法来判别是否为非正规就业：第一是否有劳动合同；第二是否拥有社会保障；第三劳动者所在部门是否在工商部门注册；第四是否向税务机关缴税。然而在实际统计中，各种判别标准各有千秋。例如对于某些从正规部门中下岗或失业后的再就业人员，在非正规就业过程中有可能一方面从事非正规就业，另一方面却仍然享受着正规部门的社会保障待遇，这种情况在城市中并不少见。对于城市建筑工地上的大部分建筑工人，他们显然是非正规就业，但他们所在部门可能会很正规，他们与建筑施工单位也可能会签订各种不同形式的劳动合同，甚至他们中的很多人还会被“工伤保险”、“综合保险”等社会保险性质的保障政策所覆盖，但如果把这些人划入正规就业范畴，未免有失公允。此外，有些城市在落实“灵活就业”政策的时候，要求就业人员必须在劳动部门申请到“灵活就业人员”相关证书，再到工商部门登记注册后才能营业，使得不同非正规就业的定义会存在相互矛盾之处。由此目前在中国，关于非正规就业的判定在短期内可能还无法给出一个令人满意的回答，其复杂性使得各种判别标准在实际研究中都会遇

① 万向东：《农民工非正式就业的进入条件和效果》，《管理世界》2008 年第 1 期。

到障碍与分歧。[①]

根据ILO（2002）关于非正规就业的定义及数据所能提供的识别指标，[②] 在本书研究中选用是否具有劳动合同作为非正规就业的判别指标。

本书所用的微观统计数据主要包括以下两种：

（一）CHNS数据

中国健康与营养状况调查数据（China Health and Nutrition Survey，CHNS）由美国北卡罗莱纳大学的人口中心、营养与食品卫生学研究所以及中国预防医药学院联合发起。CHNS调查始于1989年，采用多阶段分层随机整群抽样调查了8个省份（城镇、农村）的190个社区，共计约16000人，并分别于1991年、1993年、1997年、2000年（辽宁省加入）、2004年、2006年、2009年进行了随访。其中8个省份分别为：黑龙江、山东、江苏、河南、湖北、湖南、广西、贵州八省。

本书使用1997年、2000年、2004年、2006年、2009年五年数据进行研究，并只考虑城市调查点。CHNS数据起初是为调查中国居民的健康和营养情况而设计的，因而在运用此数据进行劳动力市场问题研究时会具有一定的局限性。但与其他数据相比，CHNS数据也具有独特的优势。首先，虽然CHNS数据不是一个标准的面板数据，但该数据具有较长的时间跨度，在中国经济改革的几个关键年份都有抽样，这就给我们提供一个非常有利的机会对中国劳动力市场在改革期间的变化、非正规就业随时间的变化特征等进行分析。其次，该数据提供了非常详细的家庭、人口学等特征，使得我们能够分析这些特征对女性非正规就业者及男女差异的影响。

根据我们的定义，长期工、合同工定义为正规就业者，有雇工的个体经营者[③]、无雇工的个体经营者、临时工、领取工资的家庭工人、无报酬的家庭帮工等定义为非正规就业者。考虑到本书的研究对象为城镇非正规就业，所以对于无雇工的个体经营者所包括的农民部分予以剔除。

---

① 姚宇：《中国非正规就业规模与现状研究》，《中国劳动经济学》2006年第2期。

② ILO, "Women and Men in the Informal Economy: A Statistical Picture", Geneva: International Labor Office, 2002.

③ 考虑到有雇工的个体经营者为雇主，根据ILO（2002）定义，考虑其工作脆弱性，本书视其为非正规就业。

（二）国家人口计生委全国流动人口动态监测数据

为把握流动人口总量、结构、分布和变动趋势，密切关注流动人口生存发展状况，引导人口有序流动，国家人口计生委从2009年开始进行流动人口动态监测工作。抽样调查属于常规动态监测，在全国范围进行，按照随机原则在31个省（区、市）和新疆生产建设兵团抽取样本点，使调查结果对全国和多数省份有较好的代表性。抽样调查的主要内容为流动人口基本信息，就业、居住、计划生育及生殖健康等公共服务情况，以及社会参与、社会融合状况等。为了满足不仅对全国，而且对多数省（区、市）具有代表性要求，采取分层、多阶段、与规模成比例的PPS抽样。

本书采用计生委2010年流动人口与户籍人口对比监测抽样调查数据和2011年流动人口动态监测抽样调查数据。2010年流动人口与户籍人口对比监测抽样调查数据在北京、郑州、成都、苏州、中山、韩城等六个城市展开，其中在北京、郑州、成都三个城市流动与户籍人口各抽取2000人，苏州、中山各抽取1000人，韩城各抽取200人。2011年全国流动人口监测数据总样本量为128000人。31个省（区、市）和新疆建设兵团中样本量分四个等级，最多的为10000人，其次为6000人，再次为4000人，最少为2000人。

与CHNS中关于非正规就业的定义类似，把没有签订劳动合同的雇员、雇主、自营劳动者、家庭帮工定义为非正规就业者。

非正规就业的各种分类形式很多，根据国际劳工组织非正规就业框架图，非正规就业基本可以分为自我雇佣（self-employment in informal enterprises）和工资就业（wage employment in informal jobs）。[①] 其中自我雇佣又可以分为雇主、个体经营（包括家庭作坊主、自由职业者等），工资就业包括非正规企业雇员、家庭工人（对家庭有贡献的工人）、其他非正规工资就业工人等。根据上述划分，结合CHNS和计生委流动人口调查数据，本书研究中把非正规就业类型划分为雇主、自营劳动者、雇员、家庭帮工。

需要说明的是，从劳动力市场分层和非正规就业群体特征角度考察，非正规就业中也存在一部分高技能人群。随着知识经济的到来和信息技

---

① ILO，“World Employment Report 2004 - 05：Employment，Productivity and Poverty Reduction”，Geneva：International Labor Office，2005.

术的发展，一些高素质、高技能劳动者为了获取高收入，享受相对宽松的工作环境，也会选择以个体形式参与到非正规就业的经济活动中，或者成为自由职业者。这部分人群追求“个性自由”，游离于正规劳动力市场（一级市场）外，工作知识和技能水平较高，从而在工作环境、个人收入状况等方面均具有一定优势，但这部分人群在我国庞大的非正规就业队伍中所占比例较小。本书的研究对象主要是指那些被排除在正规劳动力市场（一级市场）之外，工作知识和技能要求一般较低，从而在工作环境、个人收入状况等方面均处于相对劣势的非正规就业群体。

第二节　本书的研究框架、研究内容和研究方法

一　研究框架

本书以中国非正规就业的快速发展为背景，通过分析女性非正规就业发展的现状，采用微观计量研究方法，研究女性在非正规就业抉择、收入、社会保障等方面的决定因素。本书注重探讨男女非正规就业者之间存在的性别差异，并分析这种性别差异形成的原因、后果及解决方法。具体如图 1－2 所示。

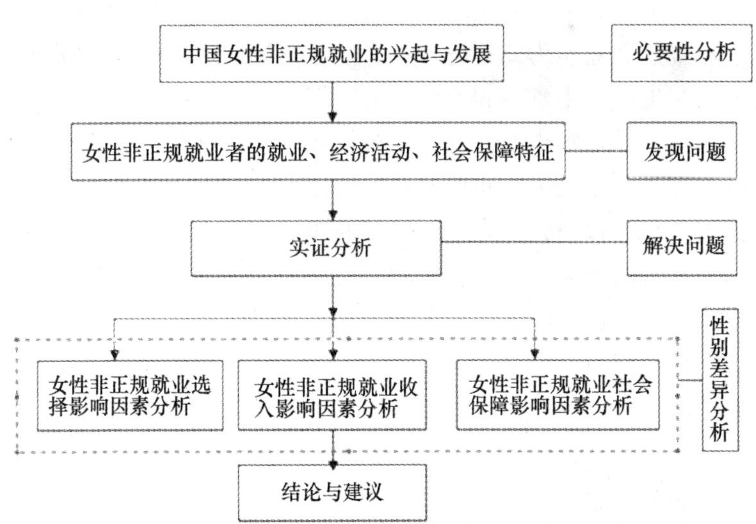

图 1－2　本书研究框架图

二 研究内容

除去本章外，本书拟通过以下途径展开问题研究。

第一部分（第二章）文献研究，分析了非正规就业产生的理论基础及性别与非正规就业的相关理论。对国内外关于女性非正规就业研究的内容进行了总结与评价。

第二部分（第三章）回顾了非正规就业在我国的发展历史及背景，并按发展进程及发展趋势对我国非正规就业的发展阶段进行划分。考虑到目前中国并没有确切的非正规就业规模统计数据，本书采用差值余额法和微观统计数据对中国城镇非正规就业的总体规模进行统计。在此基础上说明女性非正规就业的发展，并对是否存在非正规就业女性化及女性就业非正规化进行判断。

第三部分（第四章）从微观角度对女性非正规就业的发展现状进行了描述。着重利用微观统计数据，从基本特征、工作状况、社会保障等角度对我国女性非正规就业者的现状进行描述性分析，并进行了性别差异比较。

第四部分（第五、六、七章）实证分析，从非正规就业选择、收入、社会保障角度展开讨论，是本书的研究重点。第五章探讨哪些因素是影响女性劳动者从事非正规就业的关键变量？女性是否比男性更倾向于从事非正规就业？为此首先分析女性非正规就业选择的内在机理，以说明户籍制度、人力资本和家庭特征等因素对女性从事非正规就业决策的不同影响，并考察男女性在非正规就业选择上是否存在差异。

第六章利用收入函数和相关的计量技术对女性非正规就业者的收入决定因素进行了探讨，并对收入性别差异进行了理论分析和经验研究。

第七章试图探讨什么是影响和制约女性非正规就业者参加社会保障的重要因素，在此基础上分析男女两性社会保障行为是否存在差异性及存在差异的原因。

第五部分（第八章）是全文的总结，并给出相应的政策建议。

三 研究方法

本研究立足于理论分析与实证分析相结合，重点突出实证分析。在实证分析中注重统计分析和计量分析等数量分析方法的应用。在研究中借助发展经济学、劳动经济学、社会学等理论根基，从社会性别视角深层次对中国女性非正规就业进行研究。为使研究结论更具科学性和说服力，本书主要采用了以下几种研究方法：

1. 对已掌握的文献资料进行全面分析整理，归纳综合，使研究的问题获得大量资料支持，研究的内容更充实，结论更可靠。

2. 规范分析与实证分析相结合。本书注重从现实的经济现象中挖掘问题，既注重事实的归纳，又注重问题的演绎。本书以调查数据为主，通过建立相应的经济学模型，对客观现象进行分析，并得出相应结论，以寻找有建设性意义的政策思考。

3. 计量经济学的分析方法。在实证研究中，充分利用了微观计量经济学的理论与分析方法，既注重对横截面数据的分析，又注重时间变化的趋势，同时与宏观数据比对。全面翔实的数据为本书的分析提供了强大支持。

4. 比较研究的方法，包括纵向和横向的结合。对中国不同阶段的非正规就业发展进行了对比。通过对男女非正规就业者行为现状的分析，以便更深刻地考察女性非正规的发展状况与存在问题。

5. 跨学科的研究方法。由于女性非正规就业不仅是一种经济现象，同时也是一种社会现象，不仅是经济学研究的范畴，也是社会学研究的范畴。因此本书运用西方经济学、社会学、发展经济学的研究成果，运用计量经济学等数学方法，借助相关理论知识对研究问题进行阐述。

第二章　女性非正规就业研究文献综述

第一节　经典理论

一　非正规就业产生的经济学理论基础

到目前为止，对非正规就业的研究已经成为劳动经济学、人口经济学的一个重要研究领域。

自从20个世纪70年代国际劳工组织正式提出非正规部门称谓后，关于非正规就业的讨论一直在进行。事实上，关于非正规就业的理论研究可以追溯到二元经济结构理论时期。1954年阿瑟·刘易斯（W. A. Lewis）在其论文《劳动力无限供给条件下的经济发展》中指出，在经济发展初期存在二元经济结构，从而提出资本主义部门和维持生计部门概念。后来在《再论二元经济》中使用了“非正式”经济部门的表述，他认为：“一国经济不是简单分为两个部门，在资本主义部门和小规模的农业部门之间还有许多规模不等的生产部门，这类部门可被称为非正式经济部门。”①

在迈克尔·托达罗（Michael P. Todaro）的《第三世界经济发展》一书中，可以找到“正规部门”与“非正规部门”的称谓。只要农业部门中存在隐性失业，且农业部门与工业部门的劳动收入保持差距，农业部门的过剩劳动力就会对工业部门形成源源不断的无限供给。一个人在做迁移决策时，必须在获得高收入职业可能性与在相当一段时间内成为失业者的风险之间进行权衡，流入城市的农村劳动力为了生存基本上都要先在非正规部门谋生。托达罗认为，非正规部门与农业部门的关系

① ［美］威廉·阿瑟·刘易斯：《二元经济论》，施炜等译，北京经济学院出版社1989年版。

最为密切，它可以使农村剩余劳动力从贫困和就业不足中摆脱出来。同时正规部门要依靠非正规部门为它提供廉价的投入品和生活消费品，非正规部门反过来又要依靠正规部门的发展为它提供较高的收入和消费者。①

在研究非正规就业劳动者动机时，大部分经济学家认为那些不能在正规部门找到就业机会的人被迫进入非正规部门就业，或者从事非正规就业。研究者认为，正规部门所提供的工作通常是有保障、高工资的，而非正规部门提供的工作则是低工资、低产出并且有可能不合法的，如阿瑟·刘易斯（W. A. Lewis ，1954）、约翰·哈里斯和迈克尔·托罗达（John Harris，Michael P. Todaro ，1970）等。而另有一些学者认为在权衡成本与收益后，一些人会主动选择非正规就业，从而使个人效用最大化。② 而加里·费尔德（Gary Fields ，2005）和其他一些学者结合这两种观点进行了研究，他们认为，在发展中国家的非正规劳动力市场中存在两类人群——上层与底层，上层人群具有竞争性，主动选择在非正规部门就业，而底层人群由于没有可能在正规部门工作，从而被迫选择非正规就业。

此外，一些学者分析了存在非正规就业的体制因素，政府管制、税收和制度特性被看作是存在非正规就业的主要原因。诺马·伍洛艾兹（Norma Loayaza，1996）认为，企业或个人选择从正规部门退出而进入非正规部门，是因为政府管制过于烦琐而又执行不力所致。③ 伯瑞曼（Breman，1980）则对发展中国家的经济体制进行分析，认为工业化水平和生产率低以及存在剩余劳动力促使发展中国家在城市中存在非正规部门就业，老的经济机制如低下的技术水平和大量使用廉价的不熟练或半熟练工人，是导致非正规部门活动出现和迅速增长的根源。④

玛莎·陈（Martha Chen）对非正规部门成因的几种思想学派进行

---

① ［美］托罗达：《第三世界的经济发展》（下），于同申等译，中国人民大学出版社1991年版，第382页。

② Maloney，William F. ，“Informality Revisited”，*World Development*，Vol. 32，No. 7，2004，pp. 1159－1178.

③ Norma Loayaza，“*The Economies of the Informal Sector*”，Policy Research Working Paper 1727，1996.

④ Breman，J. C. ，“The Informal Sector in Research：Theory and Practice”，Rotterdam：Erasmus University，Comparative Asian Studies Program 3，1980.

了总结①：

（一）二元论学派（the dualist school）

由国际劳工组织于20世纪70年代提出，其思想来源为二元经济理论。该学派认为，非正规部门从事边缘性生产活动，它为贫困人口提供收入，在危险的时期形成一张保护网，这与正规部门是截然不同的。② 二元论学派认为，经济的缓慢增长或人口增长的相对过快导致社会不能够提供足够的就业岗位来吸收剩余劳动力，而这是非正规经济活动持续性的主要原因。该学派承认非正规部门为贫困、失业群体的生计发挥了社会安全阀的作用，特别是在经济转型或经济危机时期。但该学派强调非正规部门不是永久存在的现象，会随着现代经济的发展而不断缩小。

（二）结构性学派（the structuralist school）

由卡罗琳·莫斯特（Caroline Moster）和亚历山大·颇特（Alexandro Portes）以及其他学者在20世纪70年代后期和80年代初提出。该理论把非正规经济部门（微型企业）看作是附属于资本主义大型企业的次生经济单元，认为非正规经济部门具有较低的劳动力成本，能够实现较低的投入，从而提高了大型资本主义企业的竞争力。③ 结构性学派与二元论学派的区别在于结构性学派不仅把正规部门和非正规部门这两种不同的生产方式看作是共生的，而且相互依赖和依存，不可分离。④ 该学派认为是资本主义制度发展的天性而不是经济增长缓慢是非正规生产关系产生和持续的原因。

（三）法规主义学派（the legalist school）

秘鲁经济学家赫尔南多·德·索托（Hernando de Soto）于20世

① Chen, Martha, "Informality and Social Protection: Theories and Realities", *IDS Bulletin*, Vol. 39, No. 2008, pp. 18 – 27.

② ILO, "Employment, Incomes and Equality: A Strategy for Increasing Productive Employment in Kenya", Geneva: International Labor office, 1972. Hart, Keith, "Informal Income Opportunites and Urban Employment in Ghana", *Journal of Modern African Studies*, Vol. 11, No. 1, 1973.

③ Caroline Moser, "Informal Sector or Petty Commodity Production: Dualism or Dependence in Urban Development? ", *World Development*, Vol. 6, 1978, pp. 1041 – 1064.

④ Castells, M. and Protes, A., *World Underneath: The Origins, Dynamics, and Effects of the Informal Economy*, In A. Portes et al. (eds), The Informal Economy, London: The Johns Hopkins Press, 1989.

纪80—90年代从制度经济学角度提出。该理论认为非正规部门由那些“有勇气”的微型企业家组成，他们选择非正规活动是为了避免进行正规登记的成本、时间和精力。[①] 根据赫尔南多·德·索托等人的理论，只要政府制定的程序很麻烦并且具有高成本，微型企业家就会继续选择从事非正规生产。根据这种观点，过多的政府规章制度会遏制私人企业的发展。该学派不仅肯定非正规经济对社会的作用，并强调非正规经济创造社会财富的能力和企业家精神，认为非正规活动不仅不会导致社会恶化或反社会，相反会增加经济活力和促进整体经济状况的改善。

有些新自由主义经济学家进一步提出，非正规部门企业家不仅故意避开规章制度和税收，在某些情况下还会从事非法的生产和服务，甚至采用犯罪的运作方式来规避税收、商业规章、电费、租金和其他正规活动的成本。[②] 因此，有些学者把非正规经济称之为地下经济或黑色经济。

（四）自愿主义学派（the voluntarist school）

该理论强调个人的理性选择，认为非正规部门企业家通过计算在正规部门或非正规部门的相对成本和收益后选择从事正规或非正规活动，这些人的福利因从事非正规活动而提高。但是人们也意识到在经济危机或经济下滑时非正规就业会增加，这表明许多人可能被迫从事非正规就业。同时由于制度和政策的原因，许多非正规就业者被排除在政府规章制度和保护之外。另有一些学者指出非正规就业关系通常反映出雇主的一种选择或偏好，而不是雇员的。[③]

（五）综合理论（the integrative theory）

以上每一种理论都只能解释非正规就业成因的一部分，而不是全部。由于非正规就业的规模及就业形式繁多，需要一个完整的理论框架来分析非正规就业，派瑞等人（Perry et al.）提出的退出（Exit）和排斥（Exclusion）理论，为分析各种不同形式的非正规就业建立了一个综

① De Soto, Hernando, *The Other Path: The Economic Answer to Terrorism*, New York: Harper Collins, 1989.

② Maloney, William F., "Informality Revisited", *World Development*, Vol. 32, No. 7, 2004, pp. 1159 - 1178.

③ Chen, Martha, "Informality and Social Protection: Theories and Realities", *IDS Bulletin*, Vol. 39. No. 2, 2008, pp. 18 - 27.

合的理论框架。①

综合理论把非正规就业的原因大体划分为四种：

第一种是选择退出正规就业（Exit）。一些自我雇佣者为规避注册或税收成本选择或主动从事非正规就业，另外一些正规就业者在权衡相对的成本和收益后主动选择成为非正规经济中的自我雇佣者。然而有很多劳动者并不是主动选择从事非正规就业，他们成为非正规就业者是由于没有其他选择或者是传统。

第二种是面临进入正规部门的障碍（Entry）。对于自我雇佣者来说，如果登记和交易的成本能够降低，特别是他们能够感受到正规化的收益，例如得到书面的可实施的商业合同或者市场信息，他们将乐于成为正规就业者。换言之，如果从事正规就业不那么困难并且其收益是可以得到保障的，一些非正规就业者会主动成为正规就业者。另外，很多非正规就业者也希望能够得到和正规雇员一样的福利和保障，但雇主却选择以非正规就业形式雇佣他们（见第四种“被剥夺”）。

第三种是被正规部门所排斥（Exclusion）。由于政策、规章制度制定者的疏忽、偏见或忽视等原因，许多国家的社会福利和保护还没有扩展到非正规就业者和自我雇佣者。另外，很多非正规就业者也没有意识去争取他们作为公民所应享受的社会福利和保护，或者他们没有能力和意愿去进一步发展生意使之正规化。

第四种是被剥夺（Exploitation）。为了降低劳动成本，许多雇主选择以下做法：仅在核心部门雇佣少量的正规雇员，而在非核心部门雇佣非正规就业者；规避公司的工资发放总额税收和雇主应该上缴的社会保险或退休金；规避雇主应该履行的其他义务。类似的，一些大型企业在没有登记合同和风险共享的情况下让小企业为其提供商品和服务，从而产生非正规就业。

总体而言，上述学派之间仍旧存在较多争议，各学派之间不仅具有明显不同的研究视角，而且对非正规就业的概念、产生原因、影响和意义的理解也存在不同程度的差异。二元论学派的研究有利于深入认识和

---

① Perry, Guillermo E.; Maloney, William F.; Arias, Omar S.; Fajnzylber, Pablo; Mason, Andrew D. and Saavedra-Chanduvi, Jamie, "Informality: Exit and Exclusion", World Bank Latin American and Caribbean Studies, Wanshington D. C.: World Bank, 2007.

理解发展中国家在现代化进程中存在的缺陷与不足，结构性学派的研究为理解发达资本主义在政治经济转变过程中的新一轮资本积累方式提供了一种研究视角，而法规主义学派的研究力图强调贫困国家经济发展不足的制度性根源，由此揭示了由市场自发引导的就业和经济发展之间的可能途径。非正规就业的多样性、异质性及地区差异性是不同学派之间争论的根源。① 非正规就业具有的多样性导致对不同类型的非正规就业研究可能会得出不同的观点，而据此采取的社会、经济政策也会产生不同的效应。

二　社会性别与非正规就业的理论研究

一些学者在非正规就业的理论研究中，引入了性别视角。相关的理论包括二元经济理论（Dual Economy Theory）、性别隔离理论（Sex Segregation Theory）、人力资本理论（Human Capital Theory）、选择论（Choice Theory）、反选择论（Anti-choice Theory）等。②

（一）二元经济理论

二元经济理论也对女性与非正规就业之间的关系进行了一定的阐述。根据阿瑟·刘易斯（W. A. Lewis）的二元经济理论，二元经济结构决定了发展中国家女性在非正规部门中的就业。发展中国家人口众多，劳动力通常为无限供给，这不仅包括大量农村剩余劳动力，也包括城市中非现代工业生产部门中的劳动者。作为一支重要的劳动力后备军，只要劳动力市场能够提供更多的非正规就业机会，女性就会加入到非正规部门就业行列。③

二元经济理论将社会经济划分为核心经济和边缘经济。核心经济能够为劳动者提供相对较高的工资、较为稳定的工作岗位及良好的工作环境，并能够为劳动者提供进一步发展的机会，而后者则相反。相比较而言，男性劳动者会更有可能在核心部门（正规部门）工作，而女性劳动者在非正规部门的收入和就业稳定性都会低于正规部门。

---

① 黄耿志、薛德升：《国外非正规部门研究的主要学派》，《城市问题》2011 年第 5 期。

② 此处内容参考了谢妍翰、薛德升《女性非正规就业研究述评》，《人文地理》2009 年第 6 期。

③ ［美］威廉·阿瑟·刘易斯：《二元经济论》，施炜等译，北京经济学院出版社 1989 年版。

（二）禀赋理论与性别隔离理论

一些学者力图从性别视角对女性非正规就业进行研究，并提出禀赋理论。该理论认为，女性在社会和家庭中对男性的从属地位是造成女性在劳动力市场中处于不利地位的重要原因。两性角色中一个最为重要的区别在于女性事实上承担了生育、抚养、照顾后代的责任，并同时承担管理家庭的主要责任。由此女性本身特有的禀赋会限制她们在劳动力市场中就业的自由选择，并会影响雇主对女性劳动者的雇佣、提拔及女性就业的自我提升，由此女性在劳动力市场上所处的劣势将其推向了非正规就业。①

性别隔离理论也是基于性别差异视角对非正规就业进行的研究。该理论认为传统经济理论忽视了女性所从事的家务劳动对社会的贡献，认为传统两性家务劳动的分工和资源配置的不合理造成了男女两性在就业中存在的差别。性别隔离理论认为，女性在非正规部门就业为广大女性提供了就业机会，这在一定程度上会降低对女性的就业性别歧视，但却使男女性就业者各自集中于某些职业，形成职业性别隔离。② 此外，性别隔离理论也关注非正规就业中存在的性别特征与性别差异。在非正规就业的研究中，性别隔离理论常与偏好歧视理论、统计性歧视理论、人力资本理论等相结合。

（三）人力资本理论

人力资本理论把人力投资分析运用到传统家庭内部劳动性别分工基础上，并对劳动力市场结果中所存在的性别差异做出合理性解释。该理论最早由舒尔茨（Schultz）和贝克尔（Becker）于20世纪60年代提出。女性在家庭中所承担的特殊责任使得男女性在生活方式上会有很大差异，由此会影响男女性在人力资本上的投资行为。男性总是希望在就业上不间断，因此会对自己进行持续性的人力资本投资，而女性由于必须承担生育、养育的社会责任，则使其在就业和人力资本投资上都具有间断性。面对男女性在人力资本投资上的行为差异，雇主的反应一定是倾向于在正规就业劳动力市场上更愿意选择男性雇员，从而将女性劳动者推向非

---

① Standing G. "Global feminization through flexible labour: a theme revisited", *World Development*, Vol. 27, No. 3, 1999.

② Roos, "Patricia A. Revisiting Inequality", *Contemporary Sociology*, Vol. 1, 1999.

正规就业，更多地从事临时性的、报酬比较低或无须很多技术的工作。①

（四）选择论与反选择论

一些学者从女性在非正规就业中是处于主动还是被动的角度进行研究，提出所谓的选择论与反选择论。选择论认为非正规就业使得女性在男性主导的传统劳动市场之外有了新的就业选择，非正规就业是女性的主动选择，使得女性能够协调工作与家庭之间的诸多矛盾，因此对于女性而言，非正规就业是一种人本主义的就业方式。② 但更多的研究者持反选择论，他们认为女性在经济社会中的边缘化迫使女性从事非正规就业。女性的就业选择、劳动时间安排及就业流动性会受到传统社会文化价值观的约束，并且女性会受到来自正规部门种种限制及歧视，使得女性只能从事非正规就业。③ 然而，即使在非正规就业中，女性也会面临着性别不平等。④

第二节　国内外研究现状与评述

一　国外研究现状与评述

国外对女性非正规就业进行研究的比较多，但研究范围比较宽泛，涉及的领域较多，内容比较零散。归纳起来，主要有以下几个方面。

（一）非正规就业的女性化及女性就业的非正规化

非正规就业的女性化是指在非正规就业中，女性的比例比男性高。20世纪80年代经济危机导致就业机会减少，拉丁美洲与加勒比海地区女性在非正规部门就业的比例大幅度上升，被称为“非正规部门的女性化”(Feminization of the Informal Sector)⑤，由此引起全世界范围内学者的关注与争议。人们试图探讨究竟在多大程度上，可以将非正规部门称为“女

① Theodore Schultz, “Capital Formation by Education”, *Journal of Political Economy*, Vol. 68, No. 6, 1960.

② Lenz E., Myerhoff B., *The feminization of America*. Los Angeles: Jeremy P. Tarcher, 1985, pp. 146 – 187.

③ Hoyman M. “Female participation in the informal economy: A neglectedissue”, *The Annals of the American Academy of Politicaland Social Science*, 1987 (493): pp. 64 – 82.

④ Kathleen McInnis-Dittrich, “Women of the Shadows: AppalachianWomen's Participation in the Informal Economy”, *Affilia*, Vol. 10, 1995, p. 398.

⑤ 谢妍翰、薛德升：《女性非正规就业研究述评》，《人文地理》2009年第6期。

性部门”（Female Sector），即是否存在非正规就业的女性化。很多学者利用数据对不同国家进行了研究，所得结果并不相同，即非正规就业女性化的趋势并没有得到充分验证。但比较一致的结论是在大多数国家，女性从事非正规就业的比例比男性高，即存在女性就业非正规化趋势。根据 ILO 2011 年 6 月显示的统计数据，在可以获得数据的 44 个国家中，有半数以上的国家女性从事非正规就业的比例高于男性。例如，在可获得数据的 10 个拉丁美洲和 4 个东亚国家，半数以上的非农就业女性从事非正规就业。在拉丁美洲，男性从事非正规就业的比例为 48%，而女性这一比例为 58%；在亚洲，73% 的女性劳动者从事非正规就业，而 70% 的男性劳动者从事正规就业；[①] 在撒哈拉以南非洲（Sub-Saharan Africa）地区，84% 的非农就业女性为非正规就业，而男性的这一比例为 63%。[②]

即使是在发达国家，相对于男性，女性也更容易从事非正规就业。因为非正规就业较为弹性化，与女性的家庭角色冲突小一些。在发达国家，许多女性是因为个人或家庭原因而自愿选择非正规就业。在荷兰，非正规就业被认为是协调工作和家庭责任的重要方式，在非全日制从业的女性中有 70%—80% 自愿选择了非正规就业。[③] 在澳大利亚和英国，妇女非正规就业的比例已经超过 40%。另一方面，将女性置换到非正规就业领域，也成为一些发达国家解决失业率上升的法宝。近年来大多数发达国家女性劳动参与率明显提高，也是发达国家小时工、兼职等灵活就业形式逐渐增加的结果。从 1980 年至 1997 年，荷兰和德国新增女性就业人数中，从事非全日制就业的比例分别占 92.6% 和 84.6%。在德国，在依赖性就业（Dependent Employment）中，40% 的女性是从事非典型工作（Atypical Work），而男性这一比例为 14%。[④]

---

① Chen, Martha, “Informality and Social Protection: Theories and Realities”, *IDS Bulletin*, Vol. 39. No. 2, 2008, pp. 18 - 27.

② Martha Alter Chen, Joann Vanek, Marilyn Carr, “Mainstreaming Informal Employment and Gender in Poverty Reduction”, The Commonwealth Secretariat, 2004.

③ 石美遐：《非正规就业劳动关系研究——从国际视野探讨中国模式和政策选择》，中国劳动社会保障出版社 2007 年版，第 56 页。

④ Heintz, James, “Globalisation, Economic Policy and Employment: Poverty and Gender implications” (Geneva: International Labour Office, Employment Policy Unit, Employment Strategy Department) [Online] Available at: www.ilo.org/public/english/employment/strat/download/esp2006-3.pdf, 2006.

然而，女性从事非正规就业的比例可能会被低估。相比较男性，女性所从事的一些非正规经济活动容易被忽略，例如对其他家庭的有偿的家务劳动等。此外，女性更易在小规模的经济单元工作，而这些经济活动非常容易被忽略而不能被统计在内。①

（二）非正规就业者中存在的性别隔离

研究表明，即使在非正规就业中，也存在着劳动分工的性别差异，非正规部门中的就业形成了性别差异的金字塔。金字塔的上层以男性群体为主，而女性聚集的职业或职位常常是那些技术要求低、收入较低或无收入、劳动时间长、内容琐碎的工作，如非农自我雇佣工人、家政服务人员等。即使同一性质的工作，由于男性比女性拥有更好的体力和工具，更好的销售点，更容易获得生产材料和资金，因而更具有竞争力。在发展中国家，男女性在非正规就业经济底层工作的比例更为不均衡。②

在发展中国家或地区，特别是在亚洲，大量女性在出口加工区工作，从 1997 年至 2006 年，出口加工区就业女性人数从 2. 25 千万上升到 6. 6 千万，而这些工作绝大多数为非正规就业，一些出口加工区中女性的就业比例甚至会达到 70% 。③

在大多数数据可得的国家，相比较非正规工资就业，女性更易从事自我雇佣。在北非、亚洲和半数拉丁美洲国家，大多数的非正规就业女性为自我雇佣。但在肯尼亚、南非和四个南美国家（巴西、智利、哥伦比亚、哥斯达黎加），超过半数的非正规就业女性从事工资就业。④

与此同时，越来越多的女性离开家乡从农村迁移到城市，对于女性，迁移代表着一种工作经验和才能的提升，具有积极意义。但相比较男性，女性迁移者面临着更大的歧视、边缘化和脆弱化。农村就业机会的缺失，家庭就业的压力，对自由的渴望，伴随着较低的教育水平和文化约束促使迁移女性只能从事非正规就业。而这些非正规就业常常是具有“女性职业”的特点，如家政工人、保姆、售货员或在一些没有注

① ILO, “Women and Men in the Informal Economy: A Statistical Picture”, Geneva: International Labor Office, 2002.

② 谢妍翰、薛德升：《女性非正规就业研究述评》，《人文地理》2009 年第 6 期。

③ Ingeborg Wick, “Women Working in the Shadow: The Informal Economy An Export Processing Zones”, working paper , 2010 , p. 30.

④ Martha Alter Chen, Joann Vanek, Marilyn Carr, “Mainstreaming Informal Employment and Gender in Poverty Reduction”, The Commonwealth Secretariat, 2004.

册的小型工厂工作（血汗工厂），这些工作通常缺乏社会保障，不能被劳动法所保护。①

（三）男女性非正规就业者的收入差异

非正规就业者的收入要低于正规就业者的收入，另一方面，雇佣性质的差别直接导致了女性在非正规就业中的平均收入水平低于男性。例如在埃及，各个教育程度下从事非正规就业的女性收入都低于男性收入，女性在非正规部门中的收入仅为男性的56%—87%。② 在南非，各行业（除去采掘业）中女性非正规就业者的收入均低于男性非正规就业者的收入。③

非正规就业中的收入性别差异要大于正规就业中的收入性别差异。对拉丁美洲的研究显示，男性非正规就业者收入是男性正规就业者收入的65%，而女性非正规就业者收入仅为女性正规就业者收入的44%，非正规就业中的女性处于收入的最底端。④ 这是由于通常而言，非正规就业中，雇主具有最高收入，家政人员的工资最低，自我雇佣人员和工资收入人员所挣工资的高低取决于各个国家的经济状况，由于非正规就业中存在的性别隔离，女性通常处于非正规就业金字塔的最底端，更多的从事收入较低的非正规就业工作，由此女性收入远远低于男性收入，导致非正规就业中存在显著的收入性别差异。

（四）金融危机对女性非正规就业者的影响

2008 年的全球金融危机使得全球失业率从 2007 年的 5. 6% 上升至 2010 年的 6. 2%，2010 年全球失业人数达到 2. 05 亿人，而金融危机对女性的影响更大。从 2007 年至 2009 年，女性的全球失业率从 6% 上升

---

① Ingeborg Wick, "Women Working in the Shadows: The informal economy and export processing zones", working paper, 2010, p. 38.

② El-Mahdi, Alia and Mona Amer, "Egypt: growing informality, 1990 - 2003", *Good Jobs, Bad Jobs, No Jobs: Labor Markets and Informal Work in Egypt, El Salvador, India, Russia, and South Africa*, Washington D. C.: Economic Policy Institute, 2004, p. 10.

③ Martha Alter Chen, Joann Vanek, Marilyn Carr, "Mainstreaming Informal Employment and Gender in Poverty Reduction", The Commonwealth Secretariat, 2004.

④ Sylvia Chant and Carolyn Pedwell, "Women, gender and the informal economy: An assessment of ILO research and suggested ways forward", Discussion paper, London School of Economics, 2008.

至7%，比男性失业率（从5.5%至6.3%）的上升要快。①

在金融危机来临时，非正规就业者与正规就业者一样受到了很大影响，但由于非正规就业者缺乏必要的社会保障，且非正规就业者还面临着下岗后进入非正规就业领域的原正规就业者的竞争，因而遭受更大的打击。相比较男性，女性非正规就业者受到金融危机的影响更为严重。这是由于在非正规经济中，女性主要集中在收入最低、进入门槛最低的部门，而这些部门通常是竞争最激烈的部门。② 非正规就业女性通常处于劳动密集型全球供应链的底端，多数在纺织、成衣、皮革和制鞋业工作。她们多从事计件工作，工资仅占所卖产品价格的很小一部分（通常在2%—5%）。她们在经济上升时进入到劳动力市场，而一旦经济危机来临，她们首先失去工作。③ 特别是在发展中国家，女性非正规就业主要集中在出口加工部门，如服装、剪纸或电器生产部门，这些部门在金融危机时受打击严重。女性常常是首先被解雇的人群。由于个人、社会和经济的原因，当金融危机来临时，女性具有较少的就业选择，而男性通常会拥有更多的资源（如社会网络、技能、储蓄）。为维持原有的生活水平，很多女性不得不延长其工作时间，这就会对女性在工作与家庭之间的平衡施加了更大的压力。此外，在金融危机来临时，政府与媒体更多关注正规经济，并且很少有政府从性别视角来设立经济刺激计划或安全网络（safety nets），使得非正规就业女性面临更大的挑战。④

（五）女性非正规就业的意义

很多学者从宏观和微观层面对女性从事非正规就业的意义进行了研究。

一些学者从宏观层面对女性从事非正规就业对经济增长的贡献进行了研究。虽然在非正规就业中，平均而言女性收入比男性收入要低，但女性对国民生产总值具有显著的贡献。例如在印度尼西亚，在商业部门

① ILO，“Statistical update on employment in the informal economy”，Geneva：International Labor office，2011.

② Horn，“No cushion to fall back on：The global economic crisis and informal workers”，Inclusive Citiesproject，2009.

③ ADB and ILO，“Women and labour markets in Asia：Rebalancing for gender equality”，A joint publication of the International Labour Organization and Asian Development Bank，2011.

④ Hung，S.，“Lessons not learned? Gender，employment and social protection in Asia' scrisis-affected export sectors”，Asia Development Bank，2009.

工作的非正规就业女性对商业部门 GDP 的贡献率为 38%，而在非洲一些国家这一比例为 20%—65%。在可获得数据的亚洲和非洲一些国家，女性非正规就业对总 GDP 的贡献率大于女性在非正规就业中的比例。[①] 在非正规经济中，无论是在独立企业、全球产业链还是小规模商业中，女性都对一国的 GDP 做出了较大贡献。

另一些学者从微观层面对女性从事非正规就业的积极意义进行了研究。尽管女性从事非正规就业是相对低档次的就业，但无论如何，女性从事非正规就业总会好于不就业。此外，由于非正规就业具有灵活性、进入与退出相对自由的特点，使得女性能够在工作和照料家庭之间获得平衡，从而更好满足女性的自我需求。[②] 特别是对于教育水平较低的女性而言，非正规就业为她们提供了能够自力更生的就业机会和可能，这会有利于女性树立自信心和个体发展。非正规就业不仅使得女性养活其自身，还能够帮助女性所在家庭脱离贫苦，这有助于消除世界范围内的贫困。[③] 但另一方面许多学者也认为，由于女性非正规就业者难以通过非正规就业实现向正规就业的流动，从而会进一步强化女性在劳动力市场和社会中的弱势地位。

（六）性别敏感的非正规就业社会政策

根据非正规就业中存在的性别特征，如何完善劳动就业法律、法规与政策，有针对性地保障非正规就业者，特别是女性非正规就业者的权利是非正规就业研究的一大关注问题。女性在非正规就业中面临各种困难：教育水平比较低、收入水平低下、工作时间较长、缺乏社会保障。在非正规就业中，女性与贫穷的联系度远高于男性。[④] 由此如何保护女性从事非正规就业及如何为女性非正规就业者提供正规化待遇是学者们的关注点。

---

① Chen, Martha, "Women in the Informal Sector", *SAIS Review*, Vol. 11, No. 1Winter-Spring, 2001, pp. 71 – 82.

② Martha Alter Chen, Joann Vanek. Marilyn Carr, "Mainstreaming Informal Employment and Gender in Poverty Reduction", The Commonwealth Secretariat, 2004.

③ Chen, Martha, "Women in the Informal Sector", *SAIS Review*, Vol. 11, No. 1Winter-Spring, 2001, pp. 71 – 82.

④ Carr, Marilyn and Chen, Martha, "Globalization, Social Exclusion and Work with Special Reference to Informal Employment and Gender", Policy Integration Department, Working Paper No. 20 (Geneva: International Labour Office), 2004.

一些学者关注如何使女性非正规就业者能够在就业中获得政府和社会的帮助，改变生存状态，享有社会保障。他们认为，帮助女性并不是让更多女性非正规就业者进入到正规部门中就业，而是能够促使政府关注并肯定女性从事非正规就业的积极意义，通过完善劳动力政策从而提高女性从事非正规就业的工资水平，改善就业环境，使得女性获得基本的社会保障和社会保护，从而实现社会资源的重新分配。[①]

（七）研究方法的探讨

从性别视角研究非正规就业主要有两类分析方法，一类是把非正规就业中的性别视角作为一个专注点来进行研究。研究者认为，性别不平等或许可以看作是天生的或者说是固定的，而不是偶然的因而容易改变。此类方法中一个很重要的问题就是要刺探非正规经济中性别不平等存在的根本原因，试图分析非正规就业中是否存在性别歧视与隔离。如果存在，这些歧视与隔离会在什么地方被发现？研究者需要回答性别因素对经济、政治和社会进程与制度的影响及反过来这些进程与社会制度如何分别对男女性产生影响。例如一些学者分析了中、东欧国家女性的非正规就业发展情况。在经济转型前，中东欧国家的女性的劳动参与率较高，男女性之间的收入差异也较小。但在经济转型后，女性比男性经历了更高的失业率及工资下降，尤其是中老年女性再就业更为困难。大量女性不得不从事非正规就业，如从事边境的小生意、手工业、家政服务等。[②] 亚历山德·贝尔纳谢克和朱莉·加拉维（Alexandra Bernasek 和 Julie Gallaway，2002）分析了印度尼西亚女性的非正规就业。作者把是否参与劳动就业分为三种情况：不参与劳动力市场，即在家工作（没有工资）、在正规部门工作、在非正规部门工作。作者发现具有小学和中学文化程度的女性在家工作的可能性最高，而高中文化程度的女性在家工作的可能性最低，高学历的女性在正规部门工作的可能性最高。[③]

---

① Marc Bacchetta，Ekkehard Ernst，Juana P. Bustamante，"Globalization and informal jobs in developing countries"，A joint study of the International Labour Office and the Secretariat of the World Trade Organization，2009.

② Simel Esim：United Nations，Division for the Advancement of Women（DAW），Expert Group Meeting on "Empowerment of women throughout the life cycle as a transformative strategy for poverty eradication."26 - 29 November 2001，New Delhi，India.

③ Julie H. Gallaway and Alexandra Bernasek，"Gender and Informal Sector Employment in Indonesia" *Journal of Economic Issue*，Jun.，Vol. 36，2002，pp. 313 - 321.

第二类分析方法认为需要建立更为交互（intersectional）的方法对非正规就业进行性别视角研究。研究者更多关注特定社会制度、地区、阶层中不同女性群体（包括男女性之间、男性之间）的关系，即他们认为女性这个群体并不是同质的，因此需要从性别角度出发构造一个多维（包括阶层、种族、国家等）视角来进行研究，因为阶层、种族、性别因素的相互影响不是独立的。例如，在经济全球化对非正规就业的影响研究中，一些学者分别从性别视角，对出口导向企业、非传统农业出口企业、出口型服务业不同层面中的性别差异进行了研究。① 另一些学者考虑了年龄结构与性别的交互作用对非正规就业的影响，发现家庭中的年龄构成对女性从事的工作具有重要影响。② 目前为止，利用交互方法从性别差异视角对女性非正规就业的研究还很少，多数的研究中把“妇女”看作是同质群体，即使做交互研究，大多数研究也只是考虑性别与种族对非正规就业的交互作用。

（八）对已有研究成果的评述

早在20世纪70年代，一些学者就已经开始关注并着手研究发展中国家的女性非正规就业现象，并对非正规就业中存在的性别差异进行了初步探讨。随着发达国家内部女性非正规就业现象的出现及发展，学者对女性非正规就业的研究范围进一步扩大，研究成果较为丰富。

与此同时，学者们从不同视角对女性非正规就业领域进行了研究。在女性非正规就业理论研究层面，力图运用不同学科的理论进行研究，不同学派的交融与综合为国外女性非正规就业研究奠定了坚实的理论基础。此外，关于非正规就业性别差异的研究十分丰富，非正规就业中存在的性别差异被量化地展现出来，为相关政策的制定和评价提供了依据。

二 国内研究现状与评述

非正规就业的概念在20世纪80年代引入我国，很多学者就此展开

---

① Carr, Marilyn and Chen, Martha, “Globalization, Social Exclusion and Work with Special Reference to Informal Employment and Gender”, Policy Integration Department, Working Paper No. 20 (Geneva: International Labour Office), 2004.

② Sylvia Chant and Carolyn Pedwell, “Women, gender and the informal economy: An assessment of ILO research and suggested ways forward”, Discussion paper, London School of Economics, 2008.

了讨论，但从性别视角对女性非正规就业进行研究的并不多。学者们对男女两性在非正规就业中存在的性别差异也存在着并不清楚的判断，目前尚未形成较为完善的研究体系。与国外非正规就业研究相比，由于受到社会、经济、文化等差异影响，在理论基础、研究视角、研究内容等方面均存在一定距离。

目前，我国关于女性非正规就业的研究主要集中在女性与非正规就业关系、非正规就业中存在的职业和行业性别隔离及非正规就业中的性别敏感社会政策等方面，主要表现在：

（一）女性与非正规就业的关系

“非正规就业的女性化”和“女性劳动的非正规化”是女性与非正规就业关系探讨的两大关注点，目前对此并没有明确的结论。根据中国社会科学经济研究所“收入分配”课题组和国家统计局 2002 年联合开展的城镇居民生活调查显示，在中国城镇地区从事非正规就业的人员中，男性占 52.7%，女性占 47.3%，男性略高于女性。[①] 而根据 2000 年第二次中国妇女社会地位抽样调查，谭琳与李军峰估计中国非正规就业市场的劳动力中女性占 52.58%，男性占 47.42%，女性比例略高于男性，虽然差异并不显著。[②] 谭琳与李军峰（2003）的研究还发现，女性就业者中非正式工所占的比例为 40.73%，男性就业者中非正式工所占的比例为 37.93%，略低于女性，这在一定程度上表明相比较男性，女性可能会更容易进入到非正规就业市场中。[③] 金一虹（2006）认为，中国非正规就业的女性化趋势目前还会存在一定争议，然而女性劳动的非正规化趋势却是一个较清晰的判断。[④]

按照就业者户籍可以把女性非正规就业者划分为两大群体：一是进城务工人员，主要从事制造业、纺织业、餐饮业、小商品批发等工作。2006 年全国妇联的一项调查显示，50.2% 的女性农民工为没有单位的自雇性质人员，此外多为商业服务人员、餐饮服务人员、居民生活服务

---

① 任远、彭希哲主编：《2006 中国非正规就业发展报告：劳动力市场的再观察》，重庆出版社 2007 年版，第 109 页。

② 第二次中国妇女社会地位调查没有包括进城打工的农民工。如果这部分人也包括进来，中国非正规就业中男女性比例的差异可能会更大。

③ 谭琳、李军峰：《我国非正规就业的性别特征分析》，《人口研究》2003 年第 5 期。

④ 金一虹：《女性非正规就业：现状与对策》，《河海大学学报》（哲学社会科学版），2006 年第 3 期。

人员和流水线上的工人。另一女性非正规就业人群多为城市中的下岗、失业人员，这些人员多从事社区服务、经营小作坊等工作。[①] 社区就业是依托社区实现就业，主要包括家政服务、社区安保与清洁绿化、杂货摊点、美容美发等。虽然社区就业人数从总体上来看并不占多数，但属于典型的非正规就业，[②] 女性自身的特点决定了社区就业发展具有“女性化”的趋势。根据国家劳动和社会保障部统计，目前社区就业总人数中70%是女性下岗者。[③] 此外，政府也鼓励下岗女性从事社区就业，这是由于女性的个人特征（如耐心）及她们在家庭劳动中已经获得的技能，使得她们只需要较少的培训就能从事社区服务工作。[④] 任远（2003）对社区服务业中女性的个人特征、劳动时间、工作状况等进行了分析，并从社区服务业角度对中国非正规就业中的性别特征进行了实证分析。[⑤]

（二）非正规就业中存在的职业与行业性别隔离研究

一些学者对非正规就业中存在的性别隔离进行了研究。目前我国非正规就业劳动力市场中存在明显的行业隔离和职业隔离现象，使得女性在非正规就业市场内部进一步边缘化。[⑥] 谭琳、李军峰（2003）利用第二次中国妇女社会地位调查数据对中国非正规就业中存在的性别隔离现象进行了开拓性分析。他们认为行业隔离使女性在批发零售贸易及餐饮业和社会服务业聚集程度较高，而这些行业的收入相对较低，这会使得男女两性在非正规就业中的收入差距进一步扩大。[⑦] 职业的性别隔离会促使并加剧男女两性在职业技能和职业层次的分化，甚至可能导致男女

① 谢妍翰、薛德升：《女性非正规就业研究述评》，《人文地理》2009年第6期。

② 任远、彭希哲主编：《2006中国非正规就业发展报告：劳动力市场的再观察》，重庆出版社2007年版，第72页。

③ 谢妍翰、薛德升：《女性非正规就业研究述评》，《人文地理》2009年第6期。

④ Fang Lee, Cooke, “Informal Employment and Gender Implications in China: the nature of work and employment relations in the community services sector”, *Human Resource Management*, Vol. 17, No. 8, 2006, pp. 1471 – 1487.

⑤ 任远：《社区就业的性别特征与防止妇女地位边缘化的思考》，《妇女研究论丛》2003年第6期。

⑥ 任远、彭希哲主编：《2006中国非正规就业发展报告：劳动力市场的再观察》，重庆出版社2007年版，第109页。

⑦ 谭琳、李军峰：《我国非正规就业的性别特征分析》，《人口研究》2003年第5期。

两性出现“技能沟”[①]。由于非正规就业通常具有收入低、就业不稳定、缺乏社会保障的特点，女性更多地从事非正规就业并且在非正规就业内部也处于相对低级的行业和职业中，这将使得相比较于男性，女性非正规就业者的收入更低、更缺乏职业安全度和社会保障，从而使得女性在经济上更多地依赖男性和家庭，这不仅不利于女性自身发展，对于男性甚至整个社会发展都会有不利影响。[②]

（三）非正规就业中的性别敏感社会政策研究

由于认识到非正规就业中的性别差异，一些学者对非正规就业中的性别敏感社会政策进行了研究。如任远、彭希哲（2007）认为，政府应根据女性的弱势地位为非正规就业女性提供补充性支持，包括对非正规就业女性的技能培训，提供方便女性规范就业的服务措施等。在制定政策时，有必要认识到男女性别的社会差异，要把性别意识纳入政策主流。[③] 金一虹（2000）等学者呼吁政府应重视女性非正规就业的功能和积极意义，认可其就业地位并予以扶持。另一些学者探讨在现有社会经济发展状况下，如何在女性正规就业和非正规就业之间寻求平衡点，及如何把女性非正规就业正规化。[④] 由于在中国劳动力市场上，大量女性从事非正规就业，性别敏感的社会政策研究对女性发展具有积极意义。

（四）对已有研究成果的评述

现有国内研究对中国女性非正规就业的发展现状做了基本描述，形成了基本轮廓，为切实解决女性非正规就业中存在的诸多问题提供了一定的思路和方法。但现有研究在研究框架、研究视角、研究方法等方面存在一定不足。归结起来主要存在以下三方面问题：

首先，研究框架尚未形成。在中国，对女性非正规就业的研究刚刚起步，尚未形成较为完善的研究体系。对非正规就业领域中性别差异的研究不够充分，特别是没有把社会性别视角引入到非正规就业研究中。同时对女性非正规就业的理论探讨较少。

---

① 金一虹：《非正规劳动力市场的形成和妇女就业》，《妇女研究论丛》2000 年第 3 期。

② 谢妍翰、薛德升：《女性非正规就业研究述评》，《人文地理》2009 年第 6 期。

③ 任远、彭希哲主编：《2006 中国非正规就业发展报告：劳动力市场的再观察》，重庆出版社 2007 年版，第 116—117 页。

④ 程绍珍：《非正规就业模式与郑州地区女性非正规就业》，《改革与理论》2002 年第 12 期。

其次，研究方法的不足。目前关于女性非正规就业群体的研究以定性研究分析为主，实证研究相对较少。现有研究多注重描述性分析，这有利于解决某些具体问题，但仅仅通过描述性分析所得的研究结论缺乏足够的解释能力，并在一定程度上限制了研究视野的扩展。

再次，研究视角的不足。一些研究多从政府管理者角度出发，强调以政府为主体，自上而下地解决女性非正规就业中存在的诸多问题，而从微观角度进行研究的较少。

本章小结

本章首先探讨了非正规就业产生的经济学理论基础，从二元论学派、结构性学派、法规主义学派、自愿主义学派、综合理论等角度分析了对非正规就业成因探讨的不同思想学派，在此基础上对社会性别与非正规就业的理论进行了研究。

本章的第二部分对国内外关于女性非正规就业研究现状进行了总结分析与评述。

第三章　中国女性非正规就业的兴起与发展

第一节　中国非正规就业的快速发展

非正规就业形式在我国从无到有，不断增加，而今已经成为劳动力市场的重要组成部分，在吸纳劳动力就业方面发挥着巨大的作用。非正规就业在我国的兴起，是伴随着经济改革的深化、农村劳动力的大规模转移、劳动力就业结构和就业方式的调整而发展的。

一　中国非正规就业规模估算的几类方法

在中国非正规就业研究中，一个基本问题是估计我国非正规就业的总体规模。对非正规就业规模的统计与测度不仅是学术界关注的问题，同时也是各级政府不能忽略的工作。到目前为止，由于对非正规就业内涵与外延界定的不一致导致学者们对非正规就业规模总量的估算结果常常是大相径庭。据劳动和社会保障部 2004 年公布的一项研究成果显示：2003 年中国灵活就业者总计不到 4700 万人。何平等（2001）认为中国灵活就业人员规模可能超过 1.3 亿人。①

国际劳工组织（ILO）推荐的比较完善的非正规就业规模统计方法是根据非正规就业的概念性框架图，把属于非正规就业的几类人员数量进行相加汇总。这种方法虽然可以比较全面地囊括几乎所有非正规就业，但在中国，由于目前统计数据采集系统对于自我雇佣的非正规部门企业人员、家政服务人员、正规部门中非正规就业者等均没有准确的统

---

① 任远、彭希哲主编：《2006 中国非正规就业发展报告：劳动力市场的再观察》，重庆出版社 2007 年版，第 36 页。

计数据,[①] 所以按照汇总法得到的非正规就业规模数据差别较大，不能统一，由此也没有对中国城镇非正规就业规模统计的确切数字。

目前在中国主要采用三种方法对非正规就业的规模进行统计：

一是把所有符合非正规就业基本特征人群进行汇总，从而得出非正规就业的总体规模。由于非正规就业类型比较复杂，就业人员身份和工作部门重复交叠。考虑到非正规就业主要包括非正规部门中的就业和正规部门中的非正规就业，为便于估计，很多学者采用了依据就业人员的来源和非正规部门工作人员相结合的方法，但由于每一类非正规就业人群的数据都可能不太准确，且对同一群体的规模数据也存在争论，由此不同机构得出的数据相差较大。利用该种方法，任远、彭希哲（2007）得出 2004 年中国城镇的非正规就业总人数为 11609 万人。[②]

二是差值余额法。利用比较可信的国家统计局劳动力抽样调查数据得出全国城镇从业人员的数据，再利用劳动部的劳动登记统计报表得到正规就业人口的规模,[③] 两者差值则为非正规就业总体规模。该数据可以估算出我国城镇非正规就业规模的上限，并能够在一定程度上反映非正规就业的大致规模。[④] 利用差值余额方法，任远、彭希哲（2007）计算出 2000 年中国城镇非正规就业人数最大规模不超过 9661.5 万人，2004 年达到 15592.7 万人。[⑤] 胡鞍钢、赵黎（2006）利用政府公布数据的差值法，估计出我国非正规就业的总规模 2002 年为 13910 万人，2004 年达到 15539 万人，非正规经济新增就业约占城镇新增就业的 80% 以上。[⑥] 姚宇（2006）利用政府公布数据，以差值法为估计上限，汇总法为估计下限，取二者的中间值，推算出中国非正规就业总量

---

① 任远、彭希哲主编：《2006 中国非正规就业发展报告：劳动力市场的再观察》，重庆出版社 2007 年版，第 35 页。

② 同上书，第 39 页。

③ 差值法假设在城镇地区的国家机关事业单位、国有、集体企业、三资企业及其他私营企业中的部分从业人员属于正规就业。考虑到在正规部门中有一部分临时工，具有一定规模的私营企业中也会存在正规就业形式的人员。规模差值法假设这两部分在估算过程中抵冲（任远、彭希哲，2007）。

④ 按照规模差值法估计的是非正规就业规模的上限。

⑤ 任远、彭希哲主编：《2006 中国非正规就业发展报告：劳动力市场的再观察》，重庆出版社 2007 年版，第 39 页。

⑥ 胡鞍钢、赵黎：《我国转型期城镇非正规就业与非正规经济（1990—2004）》，《清华大学学报》（哲学社会科学版）2006 年第 3 期。

2002 年为 1.2 亿人，2004 年上升为 1.36 亿人。[①]

三是利用抽样数据对非正规就业规模与比例进行估计。一些学者利用抽样数据对非正规就业的规模进行估计。如吴要武、蔡昉（2006）利用 2002 年 12 月劳动与社会保障部在 66 个城市所作的家庭抽样调查数据，对中国非正规就业的总体规模进行了估计。劳动与社会保障部在进行数据问卷设计和抽样调查时，采纳了国际劳工组织（ILO）关于非正规就业定义的建议并考虑到了中国经济转型过程中可能会遇到的特殊问题，在调查问卷中针对就业者“岗位特征”进行了较为详细的划分，这就使得有可能获得相对准确的中国城镇的非正规就业规模。该项数据分析结果表明，2002 年中国城镇非正规就业的规模为 1.07—1.24 亿人之间，大约占城镇劳动者的 43%—50%，[②] 这与大多数中东欧转型国家的比例比较接近。[③]

由此可以看到，利用不同数据，采用不同方法，对中国非正规就业规模的估算会存在很大不同，但无论是用何种方法，可以肯定的是，在中国经济改革和快速发展的过程中，非正规就业得到了快速发展。此处的目的在于阐明中国城镇非正规就业的快速发展趋势，不对中国城镇非正规就业的规模统计方法做过多探讨，因此在接下来的分析中利用差值余额法和抽样数据方法对中国城镇非正规就业规模与比例进行估计，并对两类方法所得数据加以比对。

二 中国非正规就业发展的阶段性分析

表 3-1 显示了利用差值余额法得到的我国城镇非正规就业人员的总体规模。从表中可以看到中国城镇非正规就业的规模从 1996 年的 4594 万人，上升到了 2011 年的 2.15 亿人，非正规就业人员占城镇就业总人口的比例也从 1996 年的 23.18% 上升到 2011 年的 59.86%。

---

① 姚宇：《灵活就业者的特征分析》，国家发改委、世界银行：中国劳动力市场政策研讨会，2006 年。

② 吴要武、蔡昉：《中国城镇非正规就业：规模与特征》，《中国劳动经济学》2006 年第 4 期。

③ 国际劳工组织：《亚洲的体面劳动：对 2001—2005 年结果的报告》，局长报告，韩国釜山，2006 年 8 月 9 日。

表3－1　　中国城镇非正规就业规模估计

年份	城镇就业人员（万人）	正规就业人员（万人）	非正规就业人员（万人）	非正规就业比例（%）
1996	19815	15221	4594	23.18
1997	20207	15036	5171	25.59
1998	20678	12696	7982	38.60
1999	21014	12130	8884	42.28
2000	21274	11612	9662	45.41
2001	23940	11166	12774	53.36
2002	24780	10985	13795	55.67
2003	25639	10970	14669	57.21
2004	26476	11099	15377	58.08
2005	27331	11404	15927	58.27
2006	28310	11713	16597	58.63
2007	29350	12024	17326	59.03
2008	30210	12193	18017	59.64
2009	33322	12573	20749	62.27
2010	34678	13051	21672	62.36
2011	35914	14413	21501	59.86

数据来源：作者根据历年《中国劳动统计年鉴》计算而来。

在我国非正规就业发展的过程中，不同时期非正规就业的发展规模与发展速度是不同的。从20世纪80年代到现在，中国城镇非正规就业的发展主要经历了三个阶段：

第一阶段是20世纪80年代，我国非正规就业的形成时期。20世纪80年代，“非正规部门就业”的概念被引入我国。在80年代，非正规就业的主要功能是解决部分知青的返城就业问题。1980年，为解决因“文革”积累的就业矛盾和数百万下乡知青回城形成的就业高峰，中央召开全国劳动就业会议，提出了“在国家统筹规划和指导下，实行劳动部门介绍就业、自愿组织起来就业和自谋职业相结合”的方针。1981年、1983年，国务院先后颁布实施了广开门路搞活经济、发展城镇非农业个体经济、城镇集体所有制经济、城镇劳动者合作经营等一系列政策措施，打破了过去就业主要靠国家统包统配和全民所有制企业招工的模式，使我国就业格局发生了根本的变化。这一系列政策的提出，表明中国就业制度开始从长期依靠计划经济促进就业的单一轨道转向自愿组织起来就业和自谋职业的多元化轨道上来。此外，乡镇企业及农民工进城，也推动了这一时期非正规就业的发展。但由于当时中国的经济体制和人们就业的思想观念，非正规就业并没有被政府和学界所重视。①

第二阶段是20世纪90年代到21世纪初，我国非正规就业的高速发展时期。从表3－1可以清晰地看到，从1996年到2001年非正规就业在我国得到了快速发展。中国城镇非正规就业总体规模从1996年的4594万人上升到2001年的12774万人，同时非正规就业人员占城镇就业人员的比例也从1996年的23.18%上升为2001年的53.36%。同期正规就业人员总数从1996年的15221万人快速下降至2001年的11166万人，城镇新增就业全部来源于非正规就业的增长。

这一时期的非正规就业主要由两个基本路径形成：一是传统的国有、集体企业释放出了大量的“隐性失业”人口，这部分人口大部分进入了非正规就业部门或者在正规部门从事着非正规就业。20世纪90年代我国经历了世界上最大规模的经济结构调整和下岗失业。国有企业为了摆脱大面积亏损的困境，实施了旨在“减员增效”的劳动就业制度改革。在城市经济体制改革过程中，国有经济、集体经济的劳动就业容量下降，有数千万城镇职工因企业经营状况不好甚至停工、破产而下岗，其中一些人处于失业状态，或者退出劳动力市场。1993年大规模的职工开始下岗，当年全国共有300万下岗职工。1996年底中央经济工作会议提出“国有大中型企业三年走出困境”的中期改革目标之后，在大批亏损严重国有企业兼并破产的过程中，城市下岗和失业问题日益严峻。1998年国有企业下岗职工为594.8万人；2000年下岗人数达到最高峰，达657.2万人。②

非正规就业领域是下岗职工具有竞争优势的领域。从个体人力资源禀赋来讲，下岗职工的年龄偏大，受教育程度较低。据资料统计，下岗失业人员主要是中老年职工。2001年，他们的平均年龄在39岁左右，45岁以上的占23.2%，35岁到45岁的占49.3%。下岗人员的平均受

① 姚宇：《中国城镇非正规就业》，博士学位论文，复旦大学，2005年，第12页。

② 数据来源：《中国劳动统计年鉴2005》，中国统计出版社2006年版。

教育年限为 11.27 年，初中以下文化程度的占 39%，高中占 46.7%，大专以上的占 14.4%。[①] 因此，下岗职工，劳动力市场上竞争力不足，属于就业的弱势群体，而非正规就业以它灵活的就业形式、较低的就业门槛、不高的就业成本等特点使得多数失业下岗群体通过进入非正规经济部门或者在正规部门从事非正规就业从而实现再就业。然而他们所能获得的收入以及相应的劳动关系、福利或社会保障待遇与原先工作部门无法相比。从长远看这部分人也基本丧失了重新进入原先就业部门的可能性，城市内存在的劳动力市场分割使得这部分下岗职工形成了我国城镇非正规就业的主要群体。[②]

从 90 年代起，随着农村劳动生产率的提高和城乡就业体制的变革，农村中大量的剩余劳动力纷纷涌入城市。特别是随着政府管制的放松以及城乡收入差距的日益明显，使得流向城市寻找就业机会的农村剩余劳动力呈日益增长的趋势，日渐形成了中国社会转型时期一大新型群体——农民工。1992 年邓小平南巡讲话发表后，中国经济发展进入了新一轮增长期，农民外出务工就业也出现了新的高潮。1993 年全国农民工总数达到 6200 多万人，比 1989 年增加了 3200 多万人；其中跨省流动的农民工约为 2200 万人，比 1989 年翻了一番多。[③] 规模如此庞大的农民工，对中国城镇劳动力市场产生了深刻的影响，非正规就业成为农民工进城就业的主要途径。

由于各种制度性和历史性原因，中国劳动力市场存在严重的城乡分割现象，城市劳动力市场并没有对农村实行全方位开放，与城市劳动者相比农村劳动者还不可能真正享受到平等竞争的权利，由此农村劳动力流动到城镇后很难进入正规就业市场，而是以非正规就业的方式在非国有经济部门或者非正规部门就业。户籍制度的放松给予农村劳动力进入城市的流动权，而城乡二元结构体制却没有得到根本性的突破，使得农村劳动力难以纳入到城市正规就业体系中，大多数农民进入城市后只能采取非正规就业的形式。

---

① 资料来源：《劳动保障部规划财务司 2001 年 6 月 10 日关于 10 个城市下岗职工的调查》，转引自胡鞍钢《关于我国就业问题的思考》，《中外管理导报》2002 年 9 月 13 日。

② 姚宇：《中国城镇非正规就业》，博士学位论文，复旦大学，2005 年，第 28 页。

③ 数据来源：中国农民工问题研究总报告起草组：《中国农民工问题研究总报告》，《改革》2006 年第 5 期。

非正规就业成为农民工城镇就业的主要模式，一方面是我国经济、制度环境等因素决定的，另一方面是由其自身素质瓶颈所造成的。进城就业的农村劳动力文化水平普遍较低，初中及初中以下文化程度者居多。1997 年初中及初中以下文化程度农民工的比例为 81.69%，2000 年这一比例为 80.58%。农村转移劳动力中具有专业技能的人也较少，2000 年仅有 29%的人受到过专业培训。[①] 文化素质较低使得农村劳动力在劳动力市场上处于不利地位，限制其就业空间的选择。大部分农民工只能进入城市中小零售、小批发、小餐馆和一些劳动强度大、报酬率低的行业，而这些行业的就业绝大多数为非正规就业。

在中国经济改革过程中，非国有化也大大刺激了城镇中私营和个体经济，非公有制经济得到蓬勃发展。但由于各非公有制企业内部的劳动关系不尽相同，使得就业问题复杂化，非正规就业开始大量显现。1981 年我国登记的个体私营经济规模为 192.9 万户，从业人员为 227.4 万人。1987 年 10 月，中国共产党第十三次全国代表大会的召开，十三大第一次公开明确地承认私营经济的合法存在和发展，由此中国私营经济迎来了发展的一个重要转折点。1992 年中国共产党十四大报告指出："在所有制结构上，以公有制包括全民所有制和集体所有制为主体，个体经济、私营经济、外资经济为补充，各种经济成分长期共同发展，不同经济成分还可以自愿实行多种形式的联合经营。"党的十四大从时间上和空间上进一步为个体经济确立了重要地位。1993 年底，全国个体工商户已经达到 1766.9 万户，从业人员为 2939.3 万人，[②] 而其中的就业多为非正规就业。

由此城镇居民的非正规就业在经济转型过程中逐渐形成并得到快速发展。非正规就业的兴起在一定程度上缓解了城市中的失业问题，使企业改革得以比较顺利进行，对社会稳定起到了积极作用。

第三阶段是从 21 世纪初到现在，我国非正规就业的平稳发展时期。从 2001 年开始，国有企业下岗职工逐年减少，2001 年为 515.4 万人，比 2000 年减少 142 万人。2003 年进一步下降到 260.2 万人，2004 年只

---

① 数据来源：蔡昉：《中国人口与劳动问题报告——城乡就业问题与对策》，社会科学文献出版社 2002 年版，第 60 页。

② 数据来源：《资料》，《中国工商管理研究》1994 年第 3 期。

有153万人，2005年更是下降到了60.6万人。但另一方面农民工规模在继续上升。2002—2006年，全国外出就业农村劳动力数量每年增加400万—700万人，年均增长500万人左右，2011年度全国农民工总量更是达到了25278万人。[①] 两者相互作用使得这一阶段非正规就业总体规模仍在增加，2010年中国城镇非正规就业人员的总体规模为21672万人，占城镇就业总人口的62.36%。2011年非正规就业的总体规模为21501万人，占城镇就业总人口的比例为59.68%，比2010年略有下降。表明这一阶段我国非正规就业处于平稳发展时期，发展速度也已经逐步放缓。同期正规就业规模从2005年开始呈现缓慢增加的趋势，虽然正规就业规模的增长要小于非正规就业规模的增长。

为了与宏观数据结果进行比较，本书利用CHNS数据估计了中国城镇非正规就业的总体规模比例。CHNS数据表明，中国城镇非正规就业的规模从1997年的34.31%上升至2009年的50.35%。

表3-2 1997—2009年中国城镇正规和非正规就业比例（CHNS）

年份	正规就业比例（%）	非正规就业比例（%）	样本数
1997	65.69	34.31	1775
2000	63.62	36.38	1685
2004	55.28	44.72	1435
2006	51.38	48.62	1452
2009	49.65	50.35	1581

数据来源：作者根据1997—2009年CHNS数据计算而来。

利用宏观数据得到的中国城镇非正规就业比例（除1997年）均比利用微观数据所得结果要大，这是因为利用差值余额法得到的是非正规就业规模上限。而1997年宏观数据所得结果偏低有可能是因为早期宏观数据中许多农民工就业并未纳入到城镇就业中，而农民工就业多为非正规就业。然而尽管缺乏准确的数据，但无论是基于宏观统计数据还是基于微观统计数据的研究，都发现在我国城镇就业人员中，非正规就业

① 数据来源：人力资源和社会保障部：《2011年度人力资源和社会保障事业发展统计公报》，2012年。

人员的比例呈现不断增大的趋势，目前中国城镇非正规就业者的比例已经超过了城镇就业总数的一半，由此非正规就业是当前我国劳动者实现就业的主要途径。在中国非正规就业发展的同时，女性非正规就业也得到了快速发展。

第二节　女性非正规就业的规模与发展趋势

一　女性非正规就业规模不断扩大

近年来女性就业在世界范围内得到了快速发展，在 1997—2007 年，全球有 2 亿女性新进入到劳动力市场中，这一现象被称为全球化进程中的女性就业化。在女性就业化的过程中，国际劳工组织（ILO）指出，女性采用非正规方式就业比男性更为普遍，女性占据越来越多的非正规就业岗位，包括临时工、非全日制工作、家庭工人等。[①]

目前在中国，尚无有关女性非正规就业总体规模的精确统计数字，且非正规就业中女性所占比例受到多个维度因素的影响。

考虑到中国的二元经济，中国女性非正规就业群体可以划分为两类：一类是拥有城市户籍的非正规就业群体，早期主要为城市计划经济体制崩溃和国有或集体企业经济转轨过程中的下岗失业人员。在 20 世纪 90 年代中期下岗人员的性别差别不大，但是随后几年的城镇失业、下岗人员中女性占有较大的比例。根据全国总工会 1993 年对 7 个省、10 个省属市的 1230 个公有制企业的调查报告数据，被调查的企业共有职工 92 万人，其中女职工占 37% 以上，失业和下岗女职工达 2.3 万人，占失业和下岗职工总数的 60%。[②] 2000 年北京大学、中国社会科学院人口与劳动经济研究所等单位联合在北京、天津、西安、南京、武汉和长春六个城市针对下岗失业职工进行了调查，发现在所调查的下岗失业人员中，女性的比例为 56.54%，男性的比例为 43.46%，[③] 女性的比例远

① 国际劳工局：《世界就业报告，1998—1999》，中国劳动与社会保障出版社 2000 年版，第 45 页。

② 数据来源：常凯：《公有制企业中女职工的失业及再就业问题的调查与研究》，《社会学研究》1995 年第 3 期。

③ 数据来源：蔡昉：《中国人口与劳动问题报告——城乡就业问题与对策》，社会科学文献出版社 2002 年版，第 248—249 页。

高于男性，且女性下岗后待岗的时间比男性长，再就业的比例比男性小。此外，从岗位上分流、剥离出来后退出劳动力市场的人员中，女性职工数量也多于男性职工。从失业、下岗女性群体的特点来看，多呈现“三多一少”的现象，即年龄大的多，学历低（初、高中文化程度）的多，国有企业女职工多，从事技术工种的少。她们中的绝大部分不能进入正规部门再就业，城市经济的非正规部门逐渐成为失业或下岗女性再就业的主要领域。但在我国社会经济转型不同时期，下岗与失业的情况会有所不同，目前城镇中下岗和失业的女性人数远低于改革开放初期。

女性非正规就业的另一群体为农村转移劳动力。在农民工中，男性多于女性，但近年来女性比重有不断增加的趋势。2000 年女性农民工的比重为 34%，2006 年上升至 36%。在商业、服务业、文教卫生业和工业领域，女性农村转移劳动力的就业比例与男性差异不大，2000 年男女之比为 52:48。[①] 全国农村妇女权益状况和维权需求调查报告（2006）表明大部分女性农民工属于商业服务人员、餐饮服务人员、居民生活服务人员和流水线上的制造加工人员，职业特征表现出女性农民工的就业层次和技术含量都较低，对体力和年龄的依赖性较大。该报告还表明 50.2% 的女性农民工是属于没有单位的自雇性质人员，比男性农民工 40.2% 的比例高了 10 个百分点。[②]

本节试图利用统计年鉴中提供的宏观数据及 CHNS 抽样调查得到的微观数据对中国城镇女性非正规就业的总体规模及比例进行动态分析。

利用《中国劳动统计年鉴》数据，采用规模差值法可以大致估算出中国城镇男女非正规就业的总量及比例。正如前文分析，《中国劳动统计年鉴》中提供的女性单位就业人数可作为女性正规就业人数的相对准确估计，利用女性城镇就业人口总数减去女性正规就业人数作为女性非正规就业人数的估计，类似的得到男性非正规就业规模。在利用此种方法进行估计时，所遇到的困难在于各类年鉴中都没有分性别的城镇就业人口数据。为此，利用世界银行提供的中国男女劳动参与百分比对中国

---

① 数据来源：李强：《中国社会变迁 30 年（1978—2008）》，社会科学文献出版社 2009 年版，第 78 页。

② 数据来源：全国维护妇女儿童权益协调组：《全国农村妇女权益状况和维权需求调查报告（2006）》，《中国妇运》2007 年第 3 期。

城镇男女就业人口分别进行估算。①

从表 3－3 中可以明显地看到，女性非正规就业者的总体规模在不断增大。从 1996 年的 3018 万人上升至 2011 年的 10793 万人，在 16 年间，女性非正规就业人数增加 2 倍之多。正如前文所分析的，我国城镇非正规就业者的主要来源是城镇的各类再就业劳动者和城乡流动劳动力，城镇再就业劳动者的主体是下岗再就业人员，这一群体的女性比例高于男性。而来自农村的流动劳动力几乎都从事非正规就业，城乡迁移劳动者中男性多于女性。这两类非正规就业来源在不同时期力量对比不同，使得男女性非正规就业的规模与比例在不同时期呈现出不同的变化趋势。在 1996—2003 年，女性非正规就业的总体规模要高于男性，1996 年女性非正规就业人员总体规模为 3018 万人，占城镇非正规就业总体规模的比例为 65.69%。同期男性非正规就业规模为 1576 万人，占城镇非正规就业总体规模的比例为 34.31%。这是由于在中国城镇非正规就业发展的初期，因企业转轨失业下岗而伴生的非正规就业比例较高，而女性在结构调整中比男性更多地从正规就业转为非正规就业，由此女性是这一时期非正规就业的主体。随后男女性非正规就业的规模都在增加，但女性非正规就业规模始终大于男性。进入到 21 世纪，男性非正规就业的规模迅速扩大，这是由于非正规就业中农村转移劳动力的比例越来越高，而农村转移劳动力以男性为主。2003 年男女性非正规就业的规模基本持平，女性非正规就业人数为 7364 万人，男性为 7306 万人。从 2004 年开始，非正规就业人员中女性所占比例比男性同一比例略有下降，2010 年女性占非正规就业人员的比例 49.05%，2011 年这一比例为 50.20%，但均与男性同一比例的差异并不显著。

一些学者也利用微观数据对非正规就业中的性别比例进行了估计。根据中国社会科学经济研究所“收入分配”课题组和国家统计局 2002 年联合开展的城镇居民生活调查，对 4779 个来自 27 个城市的非正规就业者的分析结果显示，在中国城镇地区从事非正规就业的人员中，男性占 52.7%，女性占 47.3%，男性略多于女性。② 而谭琳与李军峰

① 世界银行网站：http://search.worldbank.org/data? qterm = labor% 20force% 20participate&language = EN。

② 姚宇：《中国非正规就业规模与现状研究》，《中国劳动经济学》2006 年第 2 期。

（2003）根据第二次中国妇女社会地位调查数据发现，女性从事非正规就业的比例比男性略高，其中女性占 52.58%，男性占 47.42%，但他们认为这种差异并不显著。

表 3－3　　　　中国城镇女性非正规就业规模与比例估计

年份	非正规就业女性（万人）	非正规就业中女性比例（%）	非正规就业男性（万人）	非正规就业中男性比例（%）
1996	3018	65.69	1576	34.31
1997	3254	62.93	1917	37.07
1998	4615	57.81	3367	42.19
1999	4828	54.35	4056	45.65
2000	5147	53.27	4514	46.73
2001	6531	51.12	6244	48.88
2002	6977	50.58	6817	49.42
2003	7364	50.20	7306	49.80
2004	7650	49.75	7727	50.25
2005	7914	49.69	8013	50.31
2006	8229	49.58	8368	50.42
2007	8611	49.70	8714	50.30
2008	8930	49.56	9087	50.44
2009	10196	49.14	10553	50.86
2010	10608	49.05	11018	50.95
2011	10793	50.20	10708	49.80

数据来源：作者根据历年《中国劳动统计年鉴》计算而来。

本书利用 CHNS 数据，对 1997—2009 年中国城镇非正规就业性别比例进行了估计（表 3－4），发现中国城镇非正规就业总体比例上男性始终比女性略高，并且男性比例略有增加的趋势。宏观、微观数据的结果均表明在中国劳动力市场中，并没有出现非正规就业女性化的趋势，在非正规就业中，男女性的比例相当。当然，随着我国经济体制改革的不断深入和劳动力市场制度不断完善，非正规就业中的性别比例也会不断有所变化。

表3－4　　1997—2009年中国城镇按性别划分的非正规就业比例

	1997	2000	2004	2006	2009
男性（%）	50.05	51.06	51.47	52.23	52.51
女性（%）	49.95	48.94	48.53	47.77	47.49
样本数	609	613	634	706	796

数据来源：作者根据1997—2009年CHNS数据计算而来。

利用宏观、微观两类数据得到的中国城镇非正规就业人员性别比例的数据基本一致，但1997年的数据结果两者差异比较大，正如前文所分析的，一个可能的原因是利用宏观数据得到的90年代男性非正规就业的数据可能会被低估。这是由于早期农村劳动力迁移中男性的比例比女性高，但由于当时许多农民工就业没有纳入到城镇就业统计中，使得男性非正规就业现象在统计年鉴城镇就业中反映得不够充分。

二　女性就业非正规化趋势不断增强

虽然男女性在非正规就业中的总量分布上并没有显著差异，但进一步的分析表明女性劳动者中非正规就业所占的比重高于男性同一指标，女性就业存在更为显著的非正规化趋势。下面仍从宏观、微观两类数据的比较来反映这一趋势。

表3－5显示了利用中国劳动统计年鉴数据得到的统计结果。从表中可以看到，在女性就业人员中，非正规就业的比例始终比较高并呈现上升趋势。1996年这一比例为33.91%，表明在城镇女性就业人员中，约有1/3的女性从事非正规就业。1998年女性就业中非正规就业的比例为49.66%，女性就业初步呈现就业非正规化的趋势，并且这一趋势越来越明显，2010年女性就业中非正规就业的比例最高，达到68.57%。2011年这一比例有所下降，但仍然达到67.37%。从事非正规就业的女性比例要远高于从事正规就业的女性比例，这表明目前中国女性存在明显的就业非正规化趋势。由于非正规就业本身是一种次级的劳动力市场，女性就业非正规化的趋势很大程度上是女性被市场淘汰的一种表现。①

① 任远、彭希哲主编：《2006中国非正规就业发展报告：劳动力市场的再观察》，重庆出版社2007年版，第115页。

表 3－5　中国城镇女（男）性就业中的非正规就业比例

年份	女性就业（万人）	女性非正规就业占女性就业比例（%）	男性就业（万人）	男性非正规就业占男性就业比例（%）
1996	8901	33.91	10914	14.44
1997	9079	35.84	11128	17.23
1998	9293	49.66	11385	29.57
1999	9442	51.14	11572	35.05
2000	9558	53.85	11716	38.53
2001	10756	60.72	13184	47.36
2002	11134	62.67	13646	49.96
2003	11520	63.93	14119	51.75
2004	11877	64.41	14599	52.93
2005	12239	64.66	15092	53.09
2006	12674	64.93	15636	53.52
2007	13152	65.47	16198	53.80
2008	13510	66.10	16700	54.41
2009	14875	68.54	18447	57.21
2010	15470	68.57	19208	57.36
2011	16021	67.37	19893	53.83

数据来源：作者根据历年《中国劳动统计年鉴》计算而来。

表 3－5 同时给出了男性非正规就业的规模及比例，通过男女性数据的对比，可以更好说明女性就业非正规化的趋势。女性非正规就业人员占城镇女性就业的比例始终比男性同一比例高，1996 年城镇男性就业人员中，非正规就业的比例为 14.44%，男女两性这一比例相差将近 20 个百分点。从 1999 年之后，女性就业中非正规就业的比例已经超过 50%，而直至 2003 年以后，男性就业中非正规就业才开始高于正规就业的比例，并且比女性同一比例始终低 10 个百分点以上。

另一方面本书利用 CHNS 数据计算了男（女）性就业者中的非正规就业比例（图 3－1），虽然所得数据与前面宏观统计数据不尽相同，但明显可以发现在中国的经济改革和社会转型过程中，相比较男性，女性就业非正规化的趋势更为显著，这与前面利用宏观数据所分析的结果是一致的。

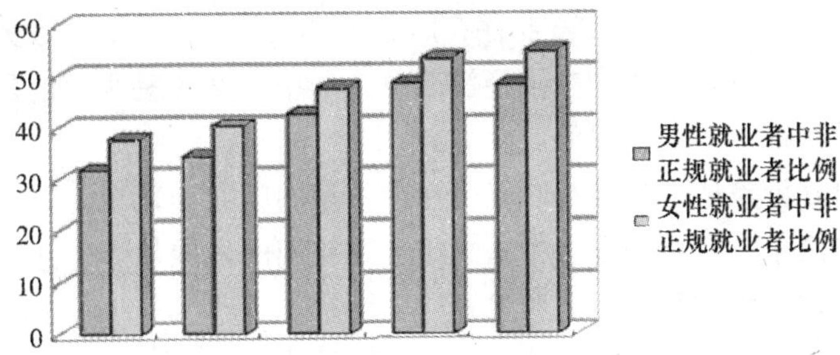

图3-1　中国城镇男（女）性就业者中的非正规就业比例

数据来源：作者根据1997—2009年CHNS数据计算而来。

女性就业非正规化的趋势明显，但另一方面女性失业率要高于男性，女性的劳动参与率要低于男性。根据国际劳工组织的定义，利用2004年中国城市就业与社会保障研究抽样调查数据，王美艳计算出城镇居民男性的失业率为7.97%，女性的失业率为11.82%，女性失业率比男性高出近4个百分点。同期男性的劳动参与率为62.79%，女性为45.41%，远低于男性。① 另一方面，虽然男性、女性的劳动参与率均呈逐年下降的趋势，但女性劳动参与率的下降要快于男性。利用1997年和2002年城镇居民劳动力调查数据（ULFS，Urban Labor Force Surveys），董晓媛等（Dong et al.，2006）计算出中国城镇居民的男女性劳动参与率分别由1997年的78.6%和64.6%下降至2002年的71.6%和54.1%。② 第六次全国人口普查和第三期中国妇女社会地位调查数据也表明，近年来城乡不在业女性比例均不断提高。2010年我国18—64岁女性的平均在业率为70.9%，其中城镇为60.8%，农村为82.0%。男性的平均在业率是87.2%，城乡分别为80.5%和93.6%。与2000年相比，男性就业率下降了6.3个百分点，而女性下降了16.1个百分点，在业率的性别差距从2000年女性比男性低6.5个百分点，扩大到2010

① 王美艳：《中国失业妇女状况》，2009年5月7日，中国网（http://www.china.com.cn/news/zhuanti/fnbg/2009-05/07/content_17738913.htm）。

② Dong, Xiao-yuan, Jiangchun Yang, Fenglian Du, and Sai Ding, "Women's Employment and Public-SectorRestructuring: The Case of Urban China", In Grace O. Lee and Malcolm Warner. eds. *Unemployment in China: Economy, Human Resources and Labour Markets*, London and New York: Routledge, 2006, pp. 87-109.

年的16.3个百分点。[①] 女性就业存在的非正规化趋势并伴随女性劳动参与率、在业率的下降说明在中国经济改革进程中，女性就业无论是从数量还是质量上都没有得到提升。

前面的分析验证了中国女性就业存在明显的就业非正规化趋势。事实上在其他国家，特别是发展中国家也存在相同的发展趋势，并且女性就业非正规化趋势比我国更为明显。

目前大多数发展中国家女性从事非正规就业的比例高于女性从事正规就业的比例。表3－6显示了亚洲部分国家分性别的非正规就业比例。可以看到在亚洲，女性就业者中非正规就业的平均比例为65%，在孟加拉国、尼泊尔、印度等国家，女性从事非正规就业的比例非常高，达到了80%以上。

表3－6　**亚洲部分国家非正规就业比例比较**　单位：%

国家	年份	非正规就业占非农就业比例	女性非正规就业占女性非农就业比例	男性非正规就业占男性非农就业比例
孟加拉国	2005	87.7	91.3	86.6
印度	2004/05	缺省	88.0	84.0
印度尼西亚	2009	79.2	81.6	77.4
蒙古	2007/08	26.3	23.7	28.9
尼泊尔	2008	86.4	91.8	83.8
菲律宾	2009	57.5	57.0	58.0
泰国	1994/2000	51.0	54.0	49.0
亚洲	1994/2000	65.0	65.0	65.0

数据来源：ILO and ADB："Women and labour markets in Asia-Rebalancing for gender equality"，2011，p.21。

① 张欣驰：《非正规女性收入不到男性收入一半》，《劳动报》电子版2013年9月18日第12版。(http://gov.eastday.com/ldb/node41/node2151/20130918/n31474/n31486/u1ai163848.html)

第三节　女性就业非正规化的现实原因与影响

一　女性就业非正规化的现实原因

在前面的分析中，我们已经验证了中国城镇女性就业非正规化的事实。女性就业非正规化的原因比较复杂，下面从需求和供给角度进行分析。

（一）从需求角度进行分析

1. 经济转轨与经济结构调整

正如前文所述，在中国经济转轨和经济结构调整的过程中，女性就业比男性受到更为普遍的影响和冲击。相比较男性，女性在正规就业中更容易受到排斥，女性更难以进入正规就业并更容易被排挤出正规就业。根据1993年中国全国总工会对七省进行的社会调查报告，发现女工占失业工人总数的60%，[①] 并且女性下岗以后再就业比男性更加困难。[②] 董晓媛等（Dong et al.，2006）发现从2002年至2003年期间，女性的失业率从9.0%上升至12.7%，而男性从7.6%上升至8.2%。[③] 据中国国家统计局2003年12月对全国45个城市所做的一项有关城市失业家庭的调查，在最近三年有过失业经历的女性比例比男性同一比例高17%，平均失业时间女性比男性长两个月，女性再就业概率仅仅相当于男性的62%。[④] 由于下岗、失业女性通常受教育程度比较低，且正是处于经济压力和家庭负担较重的年龄阶段。然而在正规经济部门不能提供充足的就业岗位时，这些下岗、失业女性还会面临着劳动力市场对弱势群体的排斥。由于这种排斥的存在，女性一旦下岗失业后很难会重返正

---

① 孟宪范：《改革大潮中的中国女性》，中国社会文献出版社1995年版。

② Summerfield, Gale, "Economic Reform and the Employment of Chinese Women", *Journal of Economic Issues*, Vol. 28, No. (3), 1994, pp. 715－732.

③ Dong, Xiao-yuan, Jiangchun Yang, Fenglian Du, and Sai Ding, "Women' s Employment and Public-Sector Restructuring: The Case of Urban China", In Grace O. Lee and Malcolm Warner. eds. *Unemployment in China: Economy, Human Resources and Labour Markets*, London and New York: Routledge, 2006, pp. 87－109.

④ Fenglian Du, Xiao-yuan Dong, "Why do women have longer durations of unemployment than men in postrestructuring urban China?", *Cambridge Journal of Economics*, Vol. 33, 2009, pp. 233－252.

规部门就业，可选择的只有进入到低一层次的非正规就业劳动力市场。由此许多女性在没有丧失劳动能力的情况下，一部分人过早地离开了劳动力市场，另一部分人只能从事非正规就业。2002 年中国城镇居民生活调查和农村进入城市的暂住户生活调查显示，拥有本地城市户籍的人口中，从事非正规就业比例最高的三个年龄组为 36—40 岁、40—45 岁、46—50 岁，正好与城镇下岗再就业人员的年龄特征相吻合。[①] 宋月萍和董晓媛（Song and Dong，2009）的研究发现，在 20 世纪 90 年代末中国国有企业劳动整合之后，女性比男性更可能遭遇向下的职业流动，从事低收入、低技能的工作。[②]

另一方面，女性在经济结构调整过程中，有向第三产业聚集的趋势。根据中国妇联 1990 年和 2000 年的中国妇女地位调查结果，10 年中女性在第三产业的比重增加了 7. 1 个百分点，2000 年将近 1/ 3 的城镇女性劳动者聚集到第三产业，比男性高 9 个百分点。[③] 女性在第三产业多聚集于零售、餐饮、社会服务等传统的服务部门，在信息技术、金融保险、科技咨询服务等新兴服务业则所占比例很少，而服务业的市场需求更具多样性和不确定性，多采用非正规就业。

2. 经济全球化

我们正处在一个全球化的时代，2007 年全球贸易占到了世界 GDP 的 60% 。[④] 作为当今世界两大潮流之一的经济全球化，对全世界每个角落都产生了深远影响，包括所有制形式、用工制度及就业模式等。全球贸易与投资需要集中资本，特别对大公司而言需要资本能够快速方便地在国家与地区之间流动，而劳动力（特别是低技能的劳动力）是很难流动的。为提高全球竞争力，越来越多的投资者移向低劳动成本国家或转向非正规雇佣。

在全球化浪潮的席卷下，为了降低劳动力成本，提高产品竞争力，

---

① 姚宇：《中国非正规就业规模与现状研究》，《中国劳动经济学》2006 年第 2 期。

② Song，Yueping and Xiao-Yuan Dong，“Gender and Occupational Mobility in Urban China during the Economic Transition”，Unpublished manuscript，2009.

③ 全国妇联、国家统计局：《第二期妇女社会地位调查数据报告》，《中国妇运》2001 年第 10 期。

④ Marc Bacchetta，Ekkehard Ernst，Juana P. Bustamante，“Globalization and informal jobs in developing countries”，A joint study of the International Labour Office and the Secretariat of the World Trade Organization，2009.

我国政府政策也发生了变化。政府在一定程度上放松了对劳动力的控制，采用了一系列旨在吸引外商直接投资的政策，通过扩大劳动力市场的灵活性，赋予雇主在雇佣、解雇和工资等方面更大的权利。正规就业的劳动者因享有国家规定的劳动标准和社会保障，劳动成本较高，而非正规就业形式中的非全日制工、临时工和家庭工的劳动力价格却低廉得多，使得非正规就业在我国迅速发展起来。

在经济全球化的过程中，中国已经成为世界工厂，成为全球经济产业链中的重要一环，出口加工业企业得到迅速发展。我国许多就业岗位是由以出口导向为主的企业创造的，主要集中于成衣、玩具和电器小产品类，这些企业通常规模较小，主要是从事简单的手工劳动和流水线装配作业。为了降低劳动成本，企业通常以非正规形式雇佣工人，或者把部分生产程序外包到家庭生产，而女性是这类工作的主要承担者，从而推动了女性非正规就业的发展。

在经济全球化的过程中，一些行业中大量最新科技成果被广泛采用，生产自动化程度日益提高，这在一定范围内会造成大量工人失去工作岗位，特别是一些受教育程度较低、缺乏技能的劳动者，结构性失业更加严重。其结果是一些企业将正式员工转为没有最低工资保障、缺乏社会保障或福利的计件工人或临时工，而女性工人通常教育水平较低，在此过程中首当其冲。在适应经济全球化的过程中，女性特别是中年女性往往成为被企业裁员的主要对象。于是女性面临着双重负担，一方面女性需要获得劳动收入用于养家糊口（特别是在丈夫也面临失业的情形下）。另一方面由于收入降低，女性依靠社会服务减少家务劳动的能力大大降低，由此女性需要承担更沉重的家务劳动负担，有偿收入劳动时间约束增加。在此情形下，由于非正规就业具有工作时间灵活、进入和退出相对自由的特点，成为这些女性寻求工作的唯一出路。

在经济全球化过程中，中国的产业结构和就业结构发生巨大调整，间接推动劳动者从传统部门转化出来。第一产业的就业机会大幅度减少，农村剩余劳动力大量增加，成为进入到城市工作的农民工，而他们中绝大多数都会从事非正规就业。同时第三产业得到了快速发展，批发零售、服务业、旅游业发展迅速，增加大量就业机会，而这些就业岗位通常具有高度的灵活性，使得非正规就业的形式广泛存在。

3. 企业在雇佣上的偏好

目前，国家对劳动力市场中存在的性别歧视缺乏有效的制约机制，监督力度不够。女性在招聘过程中会面临性别歧视问题，遭受着不公正的待遇。用人单位往往不愿意聘用女性，人为地提高雇佣条件、设置就业障碍。女性要想和男性在同一岗位上竞争，往往需要比男性拥有更好的条件时才能够体现出优势。当女性找不到工作或找不到理想工作时，会退而求其次找一份较差的工作，由此性别歧视会增加女性就业的阻力。根据2000年针对中国六个城市的劳动力市场调查数据，不同所有制单位对男女性劳动力的雇佣倾向存在很大不同：在国有所有制单位中，男女职工性别比例为1.2∶1，表明男性劳动力的比例明显偏高，而在非国有所有制单位中，女性劳动力比例远高于男性，男女性别比例为0.75∶1。[①] 蔡昉（2002）的研究也表明国有单位多采用正规雇佣方式，男性劳动力比例偏高，而非国有单位中，特别是主要采用非正规雇佣的个体经营组织，女性劳动力比较集中。[②] 但是女性在劳动力市场中的这种限制在多大程度上是雇主的歧视还是女性的自我选择，还有待于进一步研究。

（二）从供给角度进行分析

1. 传统家庭分工决定的劳动力供给特殊性影响女性从事非正规就业

由于传统的“男主外、女主内”家庭分工，女性通常在家庭生活、子女和老人照料等方面承担较多的责任和时间投入，并且中国的家务劳动尚未社会化，使得女性在工作同时还要承担繁重的家务劳动、养育子女和赡养老人的义务，这最终造成女性疲惫或发生角色冲突，同时也造成女性就业困境。此外，由于女性的社会网络与男性相比处于劣势，这对他们参与劳动力市场存在一定的约束，在就业市场上比男性的竞争力低，不易进入正规就业，使得女性只能从事非正规就业。

2. 女性的教育程度不足

通常认为，教育程度越低，从事非正规就业的比例会越大。国外的

---

① 金一虹：《女性非正规就业：现状与对策》，《河海大学学报》（哲学社会科学版）2006年第3期。

② 蔡昉：《中国人口与劳动问题报告——城乡就业：问题与对策》，社会科学文献出版社2002年版。

一些学者验证了这一观点。如根据拉丁美洲的资料显示，具有高学历（研究生以上）或高技能的劳动者从事非正规就业的可能性低而且稳定，而低学历、低技能的劳动者从事非正规就业的比例明显增加。[①] 由于生产技术的进步，导致对高技能工人的需求不断增加和对低技能工人需求的不断减少，而女性由于教育水平偏低，很多女性只能从事低技能的工作，这使她们在劳动力市场上处于不利地位。此外，部分女性缺乏积极进取精神，主体意识和权利意识淡薄，在劳动力市场上缺乏竞争力。

3. 部分从业人员对非正规就业有一定需求

非正规就业的增长反映了劳动力市场的弹性化，使得非正规就业与女性的家庭角色冲突小一些。例如由于非正规就业可以视为协调工作和家庭责任的方式之一，荷兰妇女中非全日制从业人员中有70%—80%的人自愿选择了非正规就业。[②] 但与欧美国家比较，发展中国家，如中国，因个人或家庭原因自愿选择非正规就业的人还很少。

二　非正规就业对女性发展的影响

非正规就业对女性发展的影响较为复杂，要判断非正规就业对女性发展的利弊，依赖于用什么样的视角、立场进行分析，不同视角、立场下可能会得到截然不同的结论。鉴于这种复杂性，我们只能认为，非正规就业对女性发展同时具有积极和消极的影响。[③]

（一）积极影响

1. 非正规就业促进了女性就业的增长

尽管女性在非正规就业市场中的参与是低层次的，但女性在非正规劳动力市场中的参与仍旧好于没有参与和失业。特别是在经济结构调整时期，下岗、失业比较严重的情况下，对非正规就业的鼓励很大程度上是对女性就业的一种扶持。在正规经济部门不能提供充足的就业岗位

---

① Marc Bacchetta, Ekkehard Ernst, Juana P. Bustamante, "Globalization and informal jobs in developing countries", A joint study of the International Labour Office and the Secretariat of the World Trade Organization, 2009.

② 石美遐：《非正规就业劳动关系研究——从国际视野探讨中国模式和政策选择》，中国劳动社会保障出版社2007年版。

③ 任远、彭希哲主编：《2006中国非正规就业发展报告：劳动力市场的再观察》，重庆出版社2007年版，第114页。

时，城镇中非正规就业提供了大量就业岗位，而这些就业岗位更多地集中在女性具有比较优势的部门，如家政业、服务业等。非正规就业的发展使女性有更多的就业机会，有利于提高女性劳动参与率，在一定程度上可以缩小就业率上的性别差异。

非正规就业在促进女性就业增长的同时，也在一定意义上起到了反贫困的作用。当前，中国城市贫困人口中女性规模高于男性，女性比男性更容易陷入贫困，其中下岗和失业人口是城镇女性贫困人口的主体。非正规就业给予有劳动能力并有劳动愿望的贫困女性通过就业而增加收入的机会和可能，使得这部分女性在社会参与中锻炼和恢复自己的竞争能力，把握获取收入的机会，由此解决了千万计的城镇贫困女性生存问题，在一定意义上具有反贫困的作用。

2. 非正规就业在一定程度上有利于女性整体社会地位的提高

非正规就业因其对从业人员的性别、年龄、文化、技能、体力的要求不高，其准入门槛相对较低，为劳动力市场上处于弱势地位的女性提供了较多的就业机会。女性可以通过自己的劳动得到收入，帮助女性脱离贫困，保障其在经济上的独立，这有利于女性整体地位的提高。另一方面，通过非正规就业女性可以积累工作经验，提高工作技能，获取市场信息，进而寻找机会进入正规就业，因此非正规就业可以作为女性进入正规就业的一种过渡。

女性在劳动力市场中竞争力较低的一个原因是女性在家庭生活、子女和老人照料方面承担较多的责任，付出了相当多的时间和精力，而家务劳动社会化是解决这一问题的一个有效途径。家庭和社区中存在的大量非正规就业，使得一些女性有更多时间进行知识更新，增加了这部分女性在劳动力市场上的竞争能力。当家务劳动可以越来越多地由家政服务人员、小时工等非正规就业者承担时，可以使得部分女性从繁重的家务劳动中解放出来，从而使得女性在就业市场上的总体竞争能力大大增强。

3. 非正规就业方式可以使女性在社会劳动与家庭责任之间能够选择并找到平衡

女性在就业市场面临家庭劳动和市场就业的双重负担，非正规就业使得女性在工作时间、工作地点方面可以有一定的选择自由，使女性可以兼顾事业与家庭，缓解了女性的角色冲突，一些女性为使自身在工作时间和工作方式上有更大的自由，也会主动选择非正规就业。

（二）消极影响

在看到非正规就业对女性就业和发展具有积极意义的同时，非正规就业对女性发展也具有消极影响。

1. 女性参与非正规就业在一定程度上是女性被社会淘汰的表现

目前中国对非正规就业往往缺乏规范化的就业管理。由于非正规就业在劳动关系上具有临时性、工作期间短期化的特点，因此当企业不景气时首先会解雇非正规就业人员，而在条件相同的情况下，雇主往往更愿意保留男性劳动者。这会使得女性非正规就业者成为经济低迷的主要受害者，职业处于不稳定状态。

在与男性同样的条件下，女性有更大的概率参与非正规就业，[①] 意味着女性更容易进入到缺乏社会保护的低端就业市场，使得女性比男性更加面临不利发展处境。女性逐渐聚集于非正规就业领域对女性不利的影响是显而易见的，不仅男女两性收入的差别会进一步扩大，并且非正规就业领域较少的职业培训机会会使女性低技能状况保持下去，由此男女两性之间可能会出现“技能沟”，即女性被逐渐排斥在高技能的劳动之外。这也意味着女性蓝领进入正规就业领域的可能性越来越小，职业的性别隔离被进一步固化。[②]

非正规就业的社会保障和劳动权益保护水平低下，没有实施以劳动时间为标准的劳动关系管理。大部分非正规就业被排除在失业保险、生育保险等城镇社会保障体系之外。较低的收入、较长的劳动时间和家务劳动使非正规就业女性不仅陷入“经济贫困”，更容易陷入“时间贫困”。

2. 非正规就业内部存在的性别差异，可能使女性在低端劳动力市场上进一步边缘化

首先，在经济危机和经济体制改革过程中，在不产生或很少产生正规工作岗位的环境下，许多沮丧的求职者只能进入非正规就业领域。当很多男性进入非正规就业时，女性被推入到非正规就业的最底层。[③] 特

---

① 关于这个问题的具体探讨，详见第五章。

② 王红芳：《非正规就业对女性利益的影响及对策》，《浙江学刊》2006 年第 3 期。

③ ILO, “Women and Men in the Informal Economy: A Statistical Picture”, Geneva: International Labor Office, 2002.

别是在当前，高科技得到广泛应用，从而需要更多高技术的工作，而男性通常具有更多机会获得，女性只能进入非正规经济的较低层次工作。[①] 其次，由于非正规就业中存在着劳动分工的性别差异，女性位于非正规就业的底层，而行业、职业的性别隔离对男女非正规就业者的收入产生重要影响。非正规就业者平均收入低于正规就业者的平均收入，并且非正规就业者中的收入性别差距要大于正规就业者中的收入性别差距，由此两性的收入差距进一步扩大，从而会从总体上决定女性的经济地位低于男性，使得女性在社会低端劳动力市场上进一步边缘化。[②] 最后，非正规就业女性的社会福利与医疗、社会保障不足，更容易陷入贫困的风险。事实上，非正规就业者的社会与保护一直是非正规就业研究中的重要问题。非正规就业者不仅面临工作与收入的不稳定性，更面临职业安全和健康风险，而从事非正规就业的女性则是更脆弱、更缺乏保护的人群。[③]

本章小结

非正规就业在我国从无到有，不断增加，而今已经成为劳动力市场的重要组成部分，在吸纳劳动力就业方面发挥着巨大的作用。本章首先分析了中国城镇就业发展的过程，并把非正规就业的发展划分为三个阶段，在此基础上分析中国城镇女性非正规就业的发展及规模。本章的主要结论如下：

（1）虽然目前中国并没有准确的非正规就业规模及比例数据，但无论是基于宏观统计数据还是微观统计数据，都表明中国城镇非正规就业的规模在不断上升，2011 年非正规就业占城镇总就业的比例已达到 60%。但不同时期非正规就业发展的速度不同，当前正处于非正规就业的平稳发展时期。

---

① Carr, Marilyn and Chen, Martha, "Globalization and the Informal Economy: How Global Trade and Investment Impact on the Working Poor", Working Paper on the Informal Economy, Working No. 1 INTEGRATION (Geneva: International Labour Office), 2002.

② 任远、彭希哲主编：《2006 中国非正规就业发展报告：劳动力市场的再观察》，重庆出版社 2007 年版，第 114 页。

③ 关于非正规就业中收入、社会保障的性别差异的探讨，详见本书第六、七篇。

（2）在非正规就业发展的同时，女性非正规就业也得到了快速发展。利用规模差值法估算出 2011 年女性非正规就业的总体规模为 10793 万人。

（3）女性劳动者存在显著的就业非正规化趋势，女性劳动者中非正规就业所占的比重高于男性同一指标，即女性比男性更容易成为非正规就业者。但另一方面女性从事非正规就业的比例可能会被低估。相比较男性，女性所从事的一些非正规经济活动容易被忽略，例如对其他家庭有偿的家务劳动等。此外，女性更易在小规模的经济单元工作，而这些经济活动非常容易被忽略而不能统计在内。

（4）在女性劳动参与率下降的同时，女性更多地从事非正规就业，表明女性在就业数量和就业质量上都没有提升，说明了女性在劳动力市场上存在被边缘化的倾向。在非正规就业对女性的发展具有消极意义的同时也应看到其积极意义的一面。

第四章　女性非正规就业者的特征与就业状况

与正规就业相比，非正规就业一般具有以下特征：如收入水平较低，缺乏社会保障，雇佣关系不规范、不稳定，工作时间较长或劳动者难以控制其劳动时间安排等。

目前我国非正规就业劳动者的人员构成主要包括城镇中的下岗和失业人员、个体从业人员和农民工等，非正规就业的特征和性质决定了非正规就业群体的弱势地位，而女性非正规就业群体更有可能处于不利地位。

本章利用微观统计数据，从个体特征、就业状况、社会保障等角度对我国女性非正规就业者的现状进行较为详细的描述性分析。

第一节　女性非正规就业者的个体特征

年龄、受教育程度、户籍是劳动者个人特征中的重要指标，对个人就业决策、收入、社会保障等经济活动产生重要影响。此处利用 CHNS 数据和计生委全国流动人口动态监测数据描述女性非正规就业者的基本特征，并分析这些基本特征随时间变化的趋势，在此基础上与男性非正规就业者的基本特征进行对比。

一　年龄特征

表4－1 列出了由 CHNS 数据得到的 1997—2009 年中国城镇女（男）非正规就业者的平均年龄。可以看到女性非正规就业者的平均年龄随时间略有增加，1997 年女性非正规就业者的平均年龄为 35.51 岁，2009 年为 38.46 岁，但女性非正规就业者始终比男性年轻。

表 4-1　按性别划分的中国城镇非正规就业者平均年龄（年）

年份	1997	2000	2004	2006	2009
女性	35.51	37.71	38.49	38.04	38.46
男性	38.74	39.80	40.08	40.67	40.75
样本数	609	613	634	706	796

数据来源：作者根据 1997—2009 年 CHNS 数据计算而来。

进一步的，利用 2009 年 CHNS 数据对非正规就业者年龄段进行了划分（见表 4-2），可以看到女性非正规就业者的年龄主要集中在 26—45 岁，中青年女性居多，46 岁以上女性比例较低。年轻组（25 岁以下）女性非正规就业者比例高于同组别男性，这可能是相比较男性，女性有可能更早进入到劳动力市场中，尤其是农村户口女性，辍学率通常要比男性高，她们会更早进入到非正规就业工作。中国社会科学院人口与劳动经济研究所对五所城市的城市外来劳动力及本地居民进行的问卷调查也表明，在外来劳动力中低年龄组中女性多于男性。① 老年组（56 岁以上）女性比例低于同组别男性，这可能与女性更早退出劳动力市场有关。男女性非正规就业比例最高的年龄组均为 25—35 岁组。

表 4-2　分性别的非正规就业者年龄分布比例（%）

年龄分组（岁）	男性	女性
16—25	9.93	12.94
26—35	37.27	40.10
36—45	33.75	33.89
46—55	14.58	11.81
56 以上	4.47	1.26
样本数	418	378

数据来源：作者根据 2009 年 CHNS 计算而来。

二　教育特征

一般研究认为，劳动者的受教育水平会直接影响其收入及社会保障

① 高文书：《进城农民工就业状况及收入影响因素分析——以北京、石家庄、沈阳、无锡和东莞为例》，《中国农业经济》2006 年第 1 期。

水平。因此有必要对女性非正规就业者的受教育程度做一些统计描述，并与男性进行对比。

表4－3列出了女性非正规就业者的平均受教育年限及按受教育程度划分的比例，可以看到女性非正规就业者的平均教育水平比较低。1997年女性非正规就业者平均受教育年限为8.18年，到2009年上升到了9.19年，但仍然很低，仅相当于初中毕业水平。如果按女性非正规就业者接受教育的层次划分，初中毕业人群所占的人口比重最高（57%以上），其次是高中、小学及以下、大专及以上。但另一方面也可以看到女性非正规就业人群中初中教育程度的比例在逐年下降，高中及中专教育程度的比例在逐年上升，表明女性非正规就业人群的平均教育水平在逐年增加，但变化的速度比较平缓。

表4－3　　女性非正规就业者的教育水平分布

年份	1997	2000	2004	2006	2009
受教育年限（年）	8.18	8.54	8.79	9.08	9.19
大专及本科以上（%）	4.23	5.57	7.76	7.65	8.26
高中及中专（%）	15.12	16.33	19.17	21.45	23.33
初中（%）	67.60	66.03	61.10	59.48	57.65
小学及以下（%）	13.04	12.07	11.97	11.42	10.76

数据来源：作者根据1997—2009年CHNS数据计算而来。

表4－4列出了按性别划分的非正规就业者的平均受教育水平，为便于比较同时列出了正规就业者的平均受教育水平。可以明显看到无论男女，非正规就业者的平均受教育水平要远低于正规就业者，这在一定程度上反映了人力资本的配置向正规就业倾斜，表明受教育程度可能会是劳动者是否从事非正规就业的一个重要因素。

在非正规就业中，女性的平均受教育程度始终要比男性低。但在正规就业中，情况有所不同。1997年女性正规就业者受教育程度比男性正规就业者受教育程度要低，到2000年男女正规就业者受教育程度基本持平，而到2004年、2006年和2009年女性正规就业者的受教育程度比男性正规就业者的受教育程度高。这表明女性要获得正规就业，需要拥有比男性更高的受教育程度。这在某种程度上也反映了男女性在相同教育程度下，女性更存在就业非正规化的倾向。

表4－4　**按性别划分的正规就业者与非正规就业者平均受教育年限**

单位：年

	1997		2000		2004		2006		2009	
	正规	非正规	正规	非正规	正规	非正规	正规	非正规	正规	非正规
男性	10.51	8.41	11.13	8.83	11.40	8.98	11.77	9.27	11.73	9.33
女性	10.35	8.18	11.16	8.54	11.65	8.79	12.24	9.08	12.21	9.19

数据来源：作者根据1997—2009年CHNS数据计算而来。

三　户籍特征

随着劳动力市场分割程度的减弱和城市化进程的推进，人口流动已经成为普遍现象。地域间的人口流动可以调整地区间的资源平衡从而促进整体经济的发展。从农村到城市的流动是人口流动的一种重要表现形式。随着大量农民工涌入城市寻找就业机会，农业户口的劳动力已经成为中国城镇就业的重要组成部分。

正如前文所述，中国城镇的非正规就业群体可以划分为两类：一类是城市户籍的非正规就业人员，另一类为农村转移劳动力。表4－5显示了男女性非正规就业者按户籍划分的比例。从表中可以看到在女性非正规就业者中，农村户籍的就业者占据了更高的比例。在早期，城市户籍的非正规就业者比例相对较高，1997年这一比例为39.17%，之后呈现不断下降的趋势，2009年这一比例为32.44%。与此同时农村户籍女性非正规就业者的比例在不断上升，从1997年的60.83%上升至2009年的67.56%，但从2006年起城市户籍和农村户籍女性非正规就业者比例相对稳定。

男性非正规就业者的户籍分布与女性呈现相同的态势，即农村户籍的就业者所占的比例比较高，但男性非正规就业者中城市户籍的比例始终要比女性的同一比例低，这与前面的分析是一致的。对于城镇中因国有企业改革、企业转轨失业下岗而伴生的非正规就业而言，相比较男性，女性在劳动技能、教育水平、工作经验上通常处于弱势地位，由此女性是中国城镇下岗再就业人员的主体，而非正规就业是下岗失业女性再就业的主要选择。对于转移到城市的农村劳动力而言，男性所占的比例较高。根据中国社会科学经济研究所“收入分配”课题组和国家统计局2002年联合开展的城镇居民生活调查，在农村户籍的非正规就业者中，男性占56.4%，女性占43.6%，这一趋势与同期调查城镇户籍非正规就业者的性别比例相反。这是由于在家庭迁移决策中，占人力资本比较优势的男性外出打工的可能性较高。

表4－5　　**按性别划分的非正规就业者户籍分布比例**　　单位：%

	女性					男性				
	1997	2000	2004	2006	2009	1997	2000	2004	2006	2009
非农业户口	39.17	37.37	33.39	32.72	32.44	31.96	30.34	29.18	28.03	28.15
农业户口	60.83	62.63	66.61	67.28	67.56	68.04	69.66	71.82	71.97	71.85

数据来源：作者根据1997—2009年CHNS数据计算而来。

第二节　女性非正规就业者的就业状况

在上一节中分析了女性非正规就业者的个人特征，并与男性进行了比较。本节从行业与职业、非正规就业类型、收入等方面对女性非正规就业者进行分析。

一　行业、职业特征

大量经济学和社会学的研究表明，在各个国家的劳动力市场中普遍存在着性别隔离现象并长期持续。1993年，联合国一份题为“世界妇女状况”的报告指出，“在世界各地，工作场所是按性别分开的”。这说明在不同的经济发展水平、政治体制、文化背景下，劳动力市场中存在的性别隔离现象都是最重要的现象之一。

学者们最早关注的是职业的性别隔离问题。职业性别隔离是指在劳动力市场中存在女性较为集中的职业和男性较为集中的职业现象。职业隔离有横向隔离和纵向隔离之分。横向隔离通常表现为在某一职业中的男女构成比例与全部劳动力人口中的性别比例不一致，某些职业被人们认定为是以男性为主或者是男性擅长的职业，如工程师、建筑工人，而另一些职业则被认为是一个女性为主的职业，如护士、家政人员等。纵向隔离通常表现为在几乎所有职业，包括女性职业中，男性通常聚集在具有较高技术、地位和收入的职位上，因此这种职业性别隔离现象会导致男女社会经济地位的差异。进一步的研究又表明，劳动力市场中不仅存在职业性别隔离，行业、部门、企业组织之间也存在着性别隔离现象。

许多发展中国家的实证研究表明，女性非正规就业者在所处的行业、职业及收入方面都处于不利地位。例如国际劳工组织的研究表明女性无报酬家庭工人的比例远高于男性同一比例，女性在工资非常低的家庭服务业中的比例尤其高。[①] 此处重点讨论在我国非正规就业中是否存在明显女性聚集的职业或行业，即非正规就业中是否存在行业及职业的性别隔离。

国内一些学者利用相关数据对中国非正规就业中是否存在性别隔离现象进行了研究，得到了与国外相同的结论。非正规就业者在行业和职业分布中均呈现较为显著的性别特征，即非正规就业中存在行业和职业的性别隔离现象。表 4－6 显示了谭琳和李军峰（2003）利用第二次中国妇女地位调查数据得到的非正规劳动者按性别划分的行业分布。

在对表 4－6 进行分析前，需要进行两点说明。首先根据国际劳工组织关于非正规就业的概念框架图，非正规就业包含两部分，即非正规部门中的就业和正规部门中的非正规就业。正规部门中非正规就业劳动者主要包括：正规部门中如国有企业长期雇用或临时雇用的辅助人员，包括保洁工、锅炉工等，建筑企业雇用的建筑工人及制造业工人等。其次被调查者对某些行业的回答可能并不准确，需要进行深入分析。例如，受访者在被调查所从事的行业时，通常会回答其供职单位所属行业，特别是那些在正规部门中工作的非正规就业者，由此这样的调查数据可能会掩盖非正规就业中真实的性别隔离状况。在表 4－6 中，在国家机关、党政机关和社会团体中的女性非正规就业者比例为 61.7%，远高于男性同一比例。但事实上这部分人群绝大多数是保洁人员或保安人员等，他们虽然在正规部门工作，但所从事的却是非正规就业，无论

① 国际劳工局：《劳动力市场主要指标体系 1999》，国家劳工与信息研究所译，中国劳动社会保障出版社 2001 年版，第 183—187 页。

表4－6　**非正规就业者行业分布中的性别差异**　单位:%

行业分类	女性就业比例	男性就业比例
农林牧渔业	71.4	28.6
采掘业	29.1	70.9
制造业	55.5	44.5
电力、煤气及水的生产和供应业	39.4	60.6
建筑业	14.6	85.4
地质勘探业、水利管理业	75.0	25.0
交通运输、仓储及邮电通信业	17.8	82.2
批发零售贸易、餐饮业	62.1	37.9
金融保险业	67.6	32.4
房地产业	33.4	66.6
社会服务业	60.8	39.2
卫生、体育和社会福利业	62.2	37.8
教育、文化艺术广播电影电视业	45.0	55.0
科学研究和综合技术服务业	25.0	75.0
国家机关、党政机关和社会团体	61.7	38.3
其他	45.3	54.7

资料来源：此表引自《我国非正规就业的性别特征》，谭琳、李军锋：《人口研究》第27卷，2003（5）：11—18。

在收入、工作时间、社会保障方面都不能和正规就业者获得相同的待遇。因此这部分非正规就业人员虽然回答所从事的行业为国家机关、党政机关和社会团体，但无论是女性就业者作为清洁工还是男性就业者作为保安人员，都不能说明他们是真正进入了这一行业。由此，这一行业所表现出的性别比例并不能反映出真实的非正规就业中的行业性别隔离。另一方面，制造业和建筑业也常常是非正规就业者聚集的典型行业，在这些行业中工作的制造、流水线装配工人、建筑工人是真正从事本行业的主要工作。因此，这些行业中的性别比例能够反映出一种真实的非正规就业中的行业性别隔离现象。此外，表4－6所描述的行业分布中，有些行业，如地质勘探业、房地产业、金融保险业及科学研究和综合技术服务业等，在这些行业中工作的非正规就业者非常少，这些行业所反映的性别比例很容易受到样本容量的影响，不具有统计意义。因此表4－6中真正具有统计意义的是女性非正规就业者更多地聚集在批发零售贸易、餐饮业和社会服务业。在制造业中，女性的比例（55.5%）也比男性高，虽然差异并不像其他行业那么明显。男性非正规就业者更多地聚集在交通运输、采掘业、建筑业、仓储及邮电通信业。在这些行业中的性别隔离是真实且显著存在的。①

在非正规就业中男女性也分别聚集在不同的职业中，职业性别隔离比较明显。职业上的性别隔离使男性更容易从事对技术、体力要求比较高的职业，而女性更有可能从事对技术、工作经验要求不高，但是要求耐心、细心的工作。第二次中国妇女社会地位调查数据的分析显示，女性非正规就业者主要从事的职业为：（1）剪裁、缝纫和皮革、毛皮制品制作人员（78.12%）；（2）餐厅服务人员（74.24%）；（3）社会服务和居民生活服务人员（72.04%）；　（4）商品采购销售人员（61.24%）。男性非正规就业者则主要从事机械设备修理人员（77.36%）、电力设备安装运行检修及供电人员（72.22%）和中西餐烹饪人员（53.06%）等职业。即使是在同一职业内部，男女性也存在不同分布。例如在裁剪、缝纫制作中，男性一般从事设计和裁剪工作，这类工作对技术的要求比较高，而女性则从事劳动强度大、劳动时间长、对技术相对要求较低的服装加工工作。同样，在餐饮业，男性大多是具有一定技术含量的厨师，而女性更多担任餐厅服务人员或厨房辅助工作。②

在计生委全国流动人口动态监测数据中，对行业、职业的划分比较详细。流动人口是非正规就业人群的重要组成部分。据国家人口计生委发布的《中国流动人口发展报告2012》，2011年我国流动人口总量已接近2.3亿，占全国总人口的17%，③ 流动人口规模达到历史新高。流动人口以青壮年为主，主要在制造业、批发零售和社会服务业、建筑等领域就业，成为非正规就业中的重要群体。表4－7列出了流动人口中非正规就业者在某些职业中的性别比例。

① 谭琳、李军锋：《我国非正规就业的性别特征》，《人口研究》2003年第5期。

② 任远、彭希哲主编：《2006中国非正规就业发展报告：劳动力市场的再观察》，重庆出版社2007年版，第110页。

③ 不同的统计口径流动人口规模数据有所不同。根据2010年第六次全国人口普查，截止到普查时，流动人口规模为2.6亿人，占总人口的20%。

表4－7　**流动人口中非正规就业者在某些职业的性别比例**　单位:%

职业分类	男性	女性
商业、服务业人员	46.71	53.29
商贩	56.90	43.10
餐饮	51.45	48.55
家政	17.14	82.86
保洁	21.75	78.25
保安	93.91	6.09
装修	85.97	14.03
生产、运输设备操作人员及有关人员	69.74	30.26
运输	92.86	7.14
建筑	87.82	12.18

数据来源：作者根据计生委2011年流动人口动态监测抽样调查数据计算而来。

虽然计生委全国流动人口动态监测数据中关于职业的划分与第二次中国妇女社会地位调查数据并不完全一致，但所得结论也基本一致（表4－7）。在流动人口的非正规就业者中，主要由女性从事的职业有：家政（82.86%）、保洁（78.25%）、商业和服务人员（53.29%）。男性主要从事的职业为保安（93.91%）、运输（92.86%）、建筑（87.82%）、装修（85.97%）、生产、运输设备操作人员（69.74%）等。女性非正规就业者更多地从事家政、保洁等社区服务是由女性自身的特点和优势所决定的，在某种程度上也是女性传统性别分工在社会上的延伸，为其他工作繁忙无力承担家务劳动或不愿意做家务的女性承担了部分家庭责任。由于社会观念和世俗的影响，男性从事社区服务的比例比较低，即使从事社区服务，也是更多从事社区卫生、绿化、垃圾处理等。在餐饮、商贩等职业，男性的比例比女性高，但男女性比例差异不像其他职业那样显著。由此说明，中国非正规就业市场中的劳动力分工比较强地受到了传统性别角色的影响，男女两性各自集中于某些特定的行业与职业，形成所谓的“女性行业”、“女性岗位”，而具体的行业与职业又会影响男女非正规就业者的收入、社会地位等。这种看似符合生理特征的分工，往往会把女性推向就业市场中层次较低、边缘化的位置，从而反映了女性在获得公共资源方面的弱势地位。①

以上的分析研究表明非正规就业中存在较为明显的职业纵向和横向性别隔离现象。非正规就业中的家政、家庭服务业等工作可以为在劳动力市场中处于不利地位的女性劳动者提供现实的生计性就业，然而在鼓励女性从事非正规就业以解决女性就业危机的同时，把女性就业定位于简单的、服务性的、基于她们家庭角色延伸的职业模式正在得到固化，这显然对于女性劳动者的长远发展是非常不利的。

除了对非正规就业按行业与职业划分外，考虑到非正规就业的非均性，按照国际劳工组织关于非正规就业的概念框架图，可以把非正规就业者按就业类型划分为雇员、雇主、个体经营者和家庭帮工，从中可以看到不同非正规就业类型中呈现不同的性别比例。表 4 – 8 列出了流动人口中男女性的非正规就业类型分布比例。从中可以看到，男女性在不同非正规就业类型中的比例有所不同。男性从事雇主和个体经营工作的比例比女性同一比例高，而女性作为非正规就业雇员和家庭帮工的比例比男性同一比例高。

表 4 – 8　**按性别划分的非正规就业类型比例**　单位:%

	2010		2011	
	男性	女性	男性	女性
雇员	38.57	40.78	33.99	35.35
雇主	6.32	5.40	11.09	9.74
个体经营	53.57	49.06	53.05	50.79
家庭帮工	1.54	4.76	1.87	4.12
样本数	42014	28504	44967	28718

数据来源：作者根据计生委 2010 年、2011 年流动人口动态监测抽样调查数据计算而来。

二　收入水平

调查和了解非正规就业者的收入水平一直是社会各界关注的问题。大多数研究文献发现，非正规就业者的一个显著特征是收入水平低。吴

① 任远、彭希哲主编：《2006 中国非正规就业发展报告：劳动力市场的再观察》，重庆出版社 2007 年版，第 110 页。

要武、蔡昉（2006）研究表明，非正规就业者的平均收入水平是正规就业者平均收入水平的64%。[①] 姚宇（2006）研究表明，在大多数行业中，非正规就业者的月平均工资水平只有正规就业者的60%左右。[②]

此外，社会中一个普遍现象是女性的收入水平要低于男性，那么在我国非正规就业中是否也存在这种现象呢？如果存在，非正规就业中的收入性别差异程度如何？

（一）女性非正规就业者的平均收入水平较低

一些学者对女性非正规就业者的收入水平进行了研究。利用第二次中国妇女社会调查数据，谭琳、李军锋（2003）发现2000年女性非正规就业者的平均年收入为5414.77元，男性非正规就业者的平均年收入为8534.28元，女性收入仅为男性收入的63.45%，比正规就业中女性与男性收入之比低8.98%。[③] 全国妇联妇女研究所公布一组数据也表明，在2000—2010年的10年间，正规就业劳动收入的性别差距正在缩小，正规就业女性的年均收入相当于男性年均收入的87.3%，数据较2000年的差距缩小9.6个百分点，但非正规就业女性收入仅为非正规就业男性收入的49.1%，不到一半。[④] 由此表明，非正规就业者中男女性的收入差距大于正规就业者中男女性的收入差距，即在劳动力市场中，女性非正规就业者处于收入的最底端。利用CHNS数据也发现了相同的特点（表4-9），下面将具体加以分析。

表4-9中数据表明，1997年女性非正规就业者的月平均收入为436.66元，2009年上升到1378.19元，但女性非正规就业者的收入始终低于男性非正规就业者，并且男女性收入差距在逐步扩大。如果把女性收入看作1，1997年非正规就业中的男女性别收入比例是1.20:1，而到2009年这一比例为1.29:1。

---

① 吴要武、蔡昉：《中国城镇非正规就业：规模与特征》，《中国劳动经济学》2006年第4期。

② 姚宇：《中国非正规就业规模与现状研究》，《中国劳动经济学》2006年第2期。

③ 谭琳、李军锋：《我国非正规就业的性别特征分析》，《人口研究》2003年第5期。

④ 张欣驰：《非正规女性收入不到男性收入一半》，《劳动报》电子版2013年9月18日第12版。http://gov.eastday.com/ldb/node41/node2151/20130918/n31474/n31486/u1ai163848.html。

表 4-9　1997—2009 年中国城镇正规和非正规就业者平均月工资①

单位：元

	非正规就业			正规就业		
年份	男	女	平均	男	女	平均
1997	522.43	436.66	481.31	556.86	522.43	525.58
2000	773.70	600.98	689.17	843.04	803.85	783.18
2004	1173.56	927.79	1066.57	1404.69	1190.30	1313.96
2006	1418.18	1110.94	1283.71	1931.77	1647.86	1816.84
2009	1778.03	1378.19	1588.16	2751.64	2327.04	2569.90

数据来源：作者根据 1997—2009 年 CHNS 数据计算而来。

表 4-9 中同时列出了正规就业中的男女性收入，可以从另一层次说明女性非正规就业者收入水平的低下。非正规就业者平均月工资低于正规就业者，且正规就业者与非正规就业者之间的收入差异在逐渐扩大。1997 年正规就业者的平均工资是非正规就业者平均工资的 1.09 倍，而到 2009 年，这一比例上升至 1.62 倍。当按性别、非正规就业把就业人口分为四类时，可以明显看到正规就业男性处于收入的最高端，其次是正规就业女性收入，而非正规就业女性处于收入的最底端（见图 4-1）。

（二）职（行）业内部存在收入性别差异

在前面的研究中已经发现非正规就业中存在较为明显的行业、职业的性别隔离现象，并且女性非正规就业者的平均收入要比男性较低。由于收入水平与行业、职业可能有很大关系，因此非正规就业中存在的行业和职业性别隔离，会使得这些行业或职业的工资收入呈现某种性别特征，而职业性别隔离更会造成男女性之间存在明显收入差异。

不同行业间的非正规就业者存在较为明显的收入差异。根据第二次妇女社会地位调查数据，在男性聚集程度较高的建筑业、交通运输及仓储业，非正规就业者的平均年收入分别为 10459.49 元和 11305.39 元。

① 在现实中，正规就业者会有一些社会福利、补助等，非正规就业者可能会得到食物、住宿等，而这些数据通常很难准确收集。此外，非正规就业者由于工作时间、收入的不确定性，使得收入数据更是难以准确获得，因此比较正规与非正规就业者的收入存在一定难度，此处单纯比较月工资，为工资、奖金、补贴的总和。

批发零售贸易及餐饮业、社会服务业通常是女性聚集程度较高的行业，非正规就业者的平均年收入分别为7896.52元和6996.66元，这一收入水平远低于男性聚集行业的平均收入水平。即使是在同一行业内部，男女性也存在较为明显的收入差异。例如，在制造业中，男女性的就业比例不存在显著差异，但女性非正规就业者平均年收入仅为同行业中男性平均年收入的48.47%。在女性聚集程度较高的批发零售贸易及餐饮业，女性非正规就业者的平均年收入是同行业男性的74.02%，在社会服务业，这一比例为60.39%。①

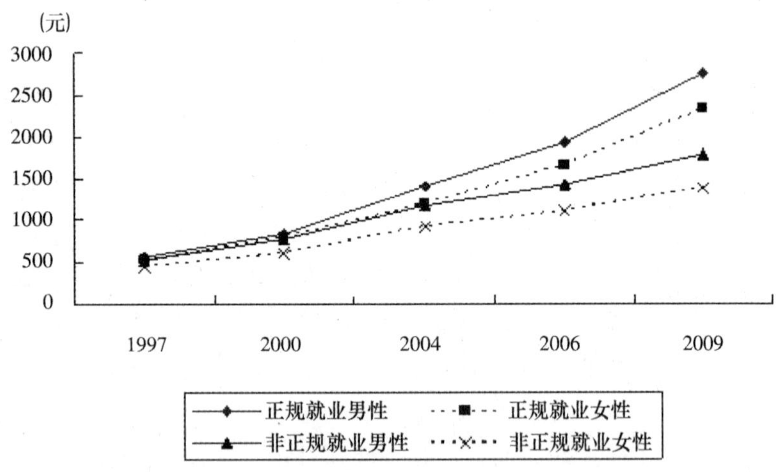

图4-1 按性别划分的正规就业者与非正规就业者的工资水平

数据来源：作者根据1997—2009年CHNS数据计算而来。

无论是在男性还是女性聚集程度较高的职业，男性非正规就业者的平均年收入均高于女性。根据第二次中国妇女社会地位调查数据，发现在男性聚集的职业，如机械设备修理人员，女性收入是男性收入的74.21%。在女性聚集程度较高的职业，如餐厅服务人员和社区服务人员，女性收入分别是男性的53.89%和53.84%，比在男性聚集的职业收入性别差异还大。② 如果把各类负责人作为职业上层，把专业技术人

① 谭琳、李军锋：《我国非正规就业的性别特征分析》，《人口研究》2003年第5期。

② 同上。

员和办事人员作为职业中层，把商业服务人员、农林牧渔劳动者和生产运输设备操作人员作为职业下层，无论是在哪一个职业分层等级中，女性非正规就业者的收入都低于男性。在上、中、下三个层级中，男性非正规就业者的收入分别是女性非正规就业者收入的 1.59 倍、1.28 倍和 1.55 倍。①

结合 CHNS 数据，表 4－10 列出了部分职业（技术人员、非技术人员及服务人员）中的收入差异。可以明显看到即使在同一职业内部，非正规就业者收入性别差异也较大。同样是技术工人，1997 年，男性收入是女性收入的 1.19 倍，2009 年这一比例扩大到 1.42 倍。非技术工人和服务人员的男女收入比相对小些，1997 年这一比例分别为 1.16 和 1.23 倍，2009 年这一比例分别为 1.11 和 1.24 倍，变化不大。

表 4－10　**按性别划分的非正规就业者在某些职业②中的平均月工资**

单位：元

	技术工人		非技术工人		服务人员	
	男	女	男	女	男	女
1997	543.06	454.97	498.92	429.76	527.86	426.91
2000	810.46	651.74	763.14	596.05	742.53	595.79
2004	1311.99	1021.29	1060.06	935.36	1085.37	980.47
2006	1569.16	1150.34	1312.93	1096.44	1306.46	1108.76
2009	2433.07	1716.10	1523.22	1372.76	1632.16	1314.93

数据来源：作者根据 1997—2009 年 CHNS 数据计算而来。

男女性在职业内部存在的收入差异，除了职位分层和角色分工的影响外，也说明在非正规就业领域还可能存在男女同工不同酬的现象，使得不同性别在工资或报酬方面存在较大的差异性。

（三）非正规就业类型内部存在收入性别差异

除了对非正规就业者按行业和职业划分外，表 4－11 列出了按非正

① 唐斌尧：《中国转型期非正规就业女性群体的福利权问题》，博士学位论文，南开大学，2009 年，第 78 页。

② 服务人员包括厨师、服务员、看门人、售货员、洗衣工、保育员等。

规就业类型划分的女（男）性收入水平。

无论是在哪类非正规就业类型中，女性的收入都比男性收入低。对于非正规就业者，无论是男性还是女性，雇主的收入都是最高的，其次是个体经营者，工资就业，收入最低的是领取工资的家庭工人。根据前文的分析，女性从事雇主的比例低，而从事家庭工人的比例要高，由此女性总体的平均收入会较低。

表4－11　**按性别划分的不同非正规就业类型中就业者的平均月工资**

单位：元

非正规就业类型	1997		2000		2004		2006		2009	
	男性	女性	男性	女性	男性	女性	男性	女性	男性	女性
雇员	542.28	401.19	647.55	580.11	1016.55	855.49	1281.36	1047.54	1511.82	1367.16
雇主	638.47	567.96	976.02	623.19	1530.36	1002.76	1715.18	1209.62	1833.33	1508.51
个体经营	505.79	438.92	790.02	610.72	1187.60	949.18	1438.64	1117.50	1809.24	1369.90
家庭工人	435.08	397.30	517.73	465.37	1101.23	917.54	1341.23	1109.57	1500.00	1326.93

数据来源：作者根据1997—2009年CHNS数据计算而来。

不同非正规就业类型、行业、职业内部的收入性别差异也可能是由于男女性劳动技能、付出的劳动时间不同而存在不同的劳动市场价值，从而收入水平存在差异。但以上这些数据仍旧表明了女性非正规就业者从事的工作给女性带来的经济收入远低于男性，从而在总体上会使女性的经济地位低于男性。虽然正如前文提到的，女性非正规就业者的受教育程度普遍较低。根据人力资本理论，教育程度是决定收入的重要因素之一。但收入偏低仍旧是女性非正规就业者的基本特征之一。女性非正规就业者收入偏低一方面是由于非正规就业中的行业和职业性别隔离现象造成的，此外，非正规就业领域由于缺乏法律、法规及政策规定，更可能产生工资、福利、社会保障方面的性别歧视现象。

三　工作时间

工作时间长是非正规就业者的典型特征之一。根据中国社会科学院经济研究所“收入分配”课题组2002年城镇居民生活调查和农村进入城市的暂住户生活调查数据，非正规就业者的日平均劳动时间比较长，最高达到10.54小时。[①] 考虑到非正规就业者通常不能享受正常的周末休息，此处对女性非正规就业者每周工作时间进行分析，并与男性进行比较。

利用计生委2010年流动人口与户籍人口对比监测数据，发现女性非正规就业者的周平均工作时间比较长，且本地户籍人口与流动人口有比较大的差异。拥有本地户籍的非正规就业者中，女性平均周工作时间为47.31小时，而流动人口中女性非正规就业者的周工作时间达到66.28小时，远远高于国家规定的每周40小时工作时间。在本地户籍人口中，女性非正规就业者的周工作时间低于男性，而在流动人口中男女性非正规就业者的工作时间差异不大。

表4－12　**非正规就业者的周平均工作时间**　单位：小时

	户籍人口	流动人口
女性	47.31	66.28
男性	50.26	66.60
样本数	3231	4540

数据来源：作者根据计生委2010年流动人口与户籍人口对比监测抽样调查数据计算而来。

表4－13列出了流动人口中分行业的非正规就业者的工作时间。从非正规就业者所处行业看，批发和贸易零售、餐饮业、社会服务业是工作时间最长的行业，其中批发零售业男女性的周平均工作时间达到近70个小时，但男女性的周工作时间比较接近。这些行业中就业者为了提供更多服务，从而获得更高收入，延长劳动时间是最直接的办法。

2008年一项针对女性农民工调查数据显示，女性农民工每天工作时间在9小时以上的占37.21%，有的每月只休息1—2天。餐饮、服装、美容等服务业和劳动密集型企业加班加点现象严重，少数外来女性进城务工人员甚至长期无休息日，很多计件拿工资女性通过超时间地加

① 姚宇：《中国非正规就业规模与现状研究》，《中国劳动经济学》2006年第2期。

班加点完成定额，多拿工资。大约只有 30% 的女性进城务工人员能享受到每年的法定休假日。①

表 4－13 **部分行业非正规就业者的周平均工作时间** 单位：小时

行业	女性	男性
批发零售	69.84	69.98
住宿餐饮	67.84	69.33
社会服务	66.83	69.21
其他	63.63	65.28
卫生/体育	54.59	63.61
交通运输	57.84	61.23

数据来源：作者根据计生委 2011 年流动人口动态监测抽样调查数据计算而来。

由于女性通常是料理家务和照料家人的主要承担者。根据 2000 年第二期妇女社会地位调查报告，显示女性平均每天用于家务劳动的时间达 4.01 小时，比男性多 2.7 小时。② 2010 年第三期妇女社会地位调查报告显示，虽然两性家务劳动时间的差距明显缩小，但女性仍然是家务劳动的主力军，七成以上女性承担家庭中“大部分”和“全部”家务，而男性这一比例低于两成。2010 年城乡在业女性工作日用于家务劳动的时间分别为 102 分钟和 143 分钟，而男性这一数值分别为 43 分钟和 50 分钟。③ 女性非正规就业者劳动时间的增加，意味着女性可自由支配和休息时间的减少，使得女性更是面临着尖锐的工作与家庭责任之间的矛盾，长久以往，将不利于女性的身心健康。

第三节　女性非正规就业者的社会保障程度特征

非正规就业劳动力市场在发育之始，就已面对一个如何规范用工行

① 王巧玲、邱磊：《城市农民工：一个亟须社会关注和援助的困难群体》，《中国妇女报》2008 年 2 月 21 日。

② 全国妇联、国家统计局：《第二期妇女社会地位调查数据报告》，《中国妇运》2001 年第 10 期。

③ 第三期中国妇女社会地位调查课题组：《第三期中国妇女社会地位调查主要数据报告》，《妇女研究论丛》2011 年第 11 期。

为和提供最起码的社会保障问题。近年来国家和地方政府陆续出台和完善了非正规就业人员养老、医疗保险政策，非正规就业人员参保总量在逐年稳步增长，但相对非正规就业人员的总体规模来说，参保比例仍然较低，仍有很大一部分非正规就业人员游离于社会保障制度之外，缺乏基本的社会保障。

一些学者对女性非正规就业者的社会保障情况进行了研究。根据2000年第二期中国妇女社会地位调查数据，谭琳、李军锋（2003）发现无论男女，非正规就业者的社会保障水平都远低于正规就业者，而女性非正规就业者的社会保障水平通常比男性非正规就业者还要更低。大多数女性非正规就业者收入较低，还要应对日常消费、子女教育和老人照料等各方面支出，缺乏经济能力缴纳社会保险费用。例如，在覆盖面最大的养老保险中，男性非正规就业者参与的比例为20%，而女性非正规就业者的参与比例更低，只有16.1%，近80%的非正规就业女性不能享受产假工资。①

以医疗保险数据②为例，利用CHNS数据我们可以明显看到非正规就业者拥有医疗保险比例明显要低于正规就业者（表4－14）。由于CHNS数据的时间跨度比较长，因此可以比较清晰地看到女性非正规就业者拥有医疗保险比例的变化趋势。

女性非正规就业者拥有医疗保险的比例远低于女性正规就业者的同一比例。由于近年来我国推进了城镇居民基本医疗保险和农村新型合作医疗，可以看到自1997年以来，女性非正规就业者拥有医疗保险的比例得到了很大提高，从1997年的14.09%，上升至2006年的30.74%，2009年女性非正规就业者平均拥有医疗保险的比例更是提高到了85.19%。如果对非正规就业者拥有医疗保险的比例进一步划分（2009年），2009年女性非正规就业者医疗保险比例的提高主要是很多非正规就业者参加了农村新型合作医疗，这是由于农民工占据了

---

① 王红芳：《城市化进程中女性人力资源面临的挑战及对策》，《价格月刊》2006第3期。

② CHNS数据中关于医疗保险的划分在2009年前后有所不同。2009年之前包括商业保险、公费医疗、劳保医疗、合作医疗、统筹医疗等。只要调查者拥有其中一项医疗保险，此处就认为其拥有医疗保险。2009年之后医疗保险包括商业保险、公费医疗、城镇职工基本医疗保险、城镇居民基本医疗保险、农村新型合作医疗等。对于2009年，此处分别考虑了拥有城镇职工医疗保险或至少拥有一项医疗保险的情形。

非正规就业的主体，他们在城市中所从事的非正规工作不能提供给他们相应的医疗保险。虽然由于目前国家推进全民社会保障政策，使得这部分人群可以在老家参与农村新型合作医疗，但是这部分医疗保险所能保障的程度还是比较低的。尽管如此，女性非正规就业者拥有医疗保险的比例整体上仍旧比女性正规就业者拥有医疗保险的比例低。如果仅仅考虑城镇职工医疗保险，可以看到正规就业者和非正规就业者拥有医疗保险比例的差异相当大。2009 年男性非正规就业者拥有城镇职工医疗保险的比例为 16.76%，而女性的比例为 15.47%，比男性略低。

表 4－14　**正规和非正规就业者拥有医疗保险的比例**　单位：%

	正规就业			非正规就业		
年份	男	女	平均	男	女	平均
1997	71.74	67.46	69.84	13.50	14.09	13.79
2000	66.45	64.90	65.78	12.71	12.24	12.48
2004	71.40	65.18	68.77	17.13	15.94	16.61
2006	76.58	79.47	77.75	27.20	30.74	28.75
2009	93.10	93.15	93.12	84.21	85.19	84.67
2009 *	66.59	64.19	65.56	16.76	15.47	15.98

* 只考虑城镇职工医疗保险。

数据来源：作者根据 1997—2009 年 CHNS 数据计算而来。

由于 CHNS 数据只提供了医疗保险比例的数据，不足以对非正规就业者的社会保障情况进行全面分析。下面利用计生委流动人口动态监测数据进行讨论。

流动人口是非正规就业的主要群体，2011 年我国流动人口参加各类社会保险的比重稳中有升，但就业流动人口在流入地参加五险一金（养老、医疗、工伤、失业、生育保险和住房公积金）的比重均不超过 30%。[①]

① 数据来源：国家人口计生委流动人口服务管理司：《中国流动人口发展报告 2012》，中国人口出版社 2012 年版。

利用计生委2010年流动人口与户籍人口对比监测抽样调查数据，表4－15列出了女（男）性非正规就业者五项社会保险的参与比例。首先，女性非正规就业者整体社会保险参与比例比较低，但相对而言医疗保险的参保比例最高，而生育保险的比例最低。生育保险在维护女性就业者基本权益，保障女性在孕产、流产期间获得必要的医疗照顾和稳定的经济收入方面至关重要。表4－15显示，在拥有本地户籍的女性非正规就业者中，生育保险的参加比例仅为7.2%，而流动人口中女性非正规就业者生育保险的参保率就更低了，只有1.5%，几乎为空白。极其低下的参保率使得女性在孕产或流产期间，不仅需要自身承担各项医疗费用，而且丧失了必要的经济收入来源，这会对女性及其家庭产生极为不利的影响。此外，非正规就业者拥有失业保险的比例是非常低的。非正规就业本身具有不稳定的特点，其失业风险远大于正规就业，而极低的失业保险水平更使得非正规就业者在失业期间遭受更大打击。在我国，非正规就业某种程度上是依赖于低用工成本而发展起来的，对非正规就业人员进行失业的甄别也具有较高的成本，因此在实践中如何为非正规就业者提供失业保险，需要政府和学者对其可行性和合理性进行探讨与研究。

表4－15　**流动人口与户籍人口中非正规就业者拥有各项社会保险比例①**

单位：%

	养老保险		医疗保险		工伤保险		失业保险		生育保险	
	男性	女性	男性	女性	男性	女性	男性	女性	男性	女性
流动人口	7.59	6.71	16.79	14.64	9.96	6.32	1.79	2.41	0.73	1.5
户籍人口	47.60	47.23	79.95	80.11	14.76	9.3	6.43	5.62	4.83	7.2

数据来源：作者根据2010年流动人口与户籍人口对比监测抽样调查数据计算而来。

其次，女性非正规就业者参与社会保险的程度与其是否为流动人口有密切关系。在五类保险中，拥有本地户籍的女性非正规就业者参加五

① 2010年流动人口与户籍人口对比监测抽样调查数据，没有区分各类保险在本地还是在户籍地。

类保险的比例都明显高于非本地户籍人员。其中本地户籍女性拥有医疗保险的比例达到80.11%，而流动人口女性的这一比例仅为14.64%，相差近6倍。在养老保险中，这一差距依旧明显。本地户籍女性拥有养老保险的比例为47.23%，而流动人口女性拥有养老保险的比例仅为6.71%。工伤、失业、生育保险中这一趋势依旧显著。这可能是本地户籍的女性非正规就业者大多在从事非正规就业之前就已经被社会保障体系所覆盖。另一方面，也表明中国目前许多城市都为本地人口设置了劳动力市场保护机制，这种保护性措施可能会对本地户籍的非正规就业者的社会保障产生有利影响。

最后，男女两性在参与社会保险比例上存在差异。在本地户籍非正规就业者中，男女非正规就业者拥有养老保险和医疗保险的比例差异不大。但在流动人口中，女性非正规就业者拥有养老保险和医疗保险的比例均比男性低。但不论是流动人口还是本地户籍，男性参加工伤保险的比例都要高于女性，这可能与非正规就业男性更多的从事危险工作有关。尽管如此，工伤保险的比例仍旧是比较低的，本地户籍的非正规就业者拥有失业保险的比例最高，但也只有6.43%，远未达到《工伤保险条例》规定的全部参保要求。

计生委2010年的统计数据虽然有流动人口与户籍人口的对比数据，但对社会保障的划分并不详细。在计生委2011年流动人口动态监测数据中，对流动人口的社会保障情况进行了详细的调查，特别是考虑到目前中国社会保障的现状，在调查问卷中对流动人口在本地和户籍地的社会保障情况分别给予了考虑，这对我们进行相关研究提供了较为充分的数据支持。根据前文的分析，我们发现由于许多城市都为本地人口设置了劳动力市场保护机制，这种保护性措施会对本地户籍的非正规就业者的社会保障产生有利影响。因此流动人口中非正规就业者的社会保障情况更处于不利地位，更值得关注，对此类人群的社会保障分析也能够基本反映出非正规就业者的社会保障情况。由此下面利用计生委2011年流动人口动态监测数据对流动人口中女性非正规就业者的社会保障情况进行分析。考虑到非正规就业内部并不是均质的，具有很大差异性，此处对不同非正规就业类型中女性的社会保障覆盖程度细分，为便于比较同时列出了男性的情况。

从表4－16中可以看到女性非正规就业者在本地拥有的社会保障程

度比较低。作为非正规就业金字塔顶端的雇主拥有养老、医疗、失业保险的比例最高，而作为底层的家庭帮工拥有社会保险的比例最低。例如女性雇主拥有医疗保险的比例为 12.97%，而女性家庭帮工拥有医疗保险的比例为 6.26%，前者是后者的两倍。然而值得关注的是，在非正规就业中女性雇主的比例是非常低的，非正规就业金字塔的上层以男性为主，而底层以女性为主，由此非正规类型中存在的性别隔离会对男女两性的社会保障产生影响。

表 4－16　**流动人口中非正规就业者在本地拥有各项社会保险比例（2011）**　单位:%

	养老保险		医疗保险		工伤保险		失业保险	
	男性	女性	男性	女性	男性	女性	男性	女性
雇员	4.87	4.70	7.73	7.66	12.41	7.00	1.81	2.16
雇主	9.55	9.06	12.56	12.97	6.64	4.67	3.35	3.11
个体经营	4.85	4.41	7.69	7.63	2.70	2.00	1.25	1.10
家庭帮工	3.72	3.45	6.42	6.26	3.69	2.45	1.19	1.01

数据来源：作者根据计生委 2011 年流动人口动态监测抽样调查数据计算而来。

考虑到目前中国社会保障发展的现状，进一步地对非正规就业流动人口在户籍地拥有的养老保险和医疗保险①情况进行了描述（表 4－17）。可以看到，女（男）性在户籍地拥有的医疗保险比例比较高，但拥有养老保险的比例较低。正如前文所分析的，由于城镇医保和新农合的普及，非正规就业流动人口在户籍地拥有的医疗保险比例得到了大幅度提高，这反映了国家在提高非正规就业者的社会保障方面取得了很大成绩。然而，非正规就业者在流入地工作，却不能相应的在工作地享有社会保障，特别是新农合的保障程度还是比较低，这使得非正规就业者的总体社会保障低下。

① 由于在户籍地参与工伤、失业、生育保险的比例非常低，此处不对此进行分析。

表4－17　**流动人口中非正规就业者在户籍地拥有各项社会保险比例（2011）①**　单位：%

	养老保险		医疗保险	
	男性	女性	男性	女性
雇员	11.61	10.72	65.85	62.40
雇主	18.42	17.76	63.75	63.08
个体经营	15.53	16.04	68.78	67.41
家庭帮工	12.72	15.47	65.52	63.91

数据来源：作者根据计生委2011年流动人口动态监测抽样调查数据计算而来。

在流动人口中，如果再按户籍划分，又可以分为城市户籍与农村户籍流动人口，其中农村户籍的流动人口即农民工是流动人口的重要组成部分，构成了非正规就业劳动力的主体。虽然《中华人民共和国劳动法》规定用人单位应把农民工与城镇职工同等对待，使农民工与城镇职工同等享有基本社会保险。但事实远非如此，由于多数用人单位并不依照国家、地方有关规定为农民工参保，使得绝大多数农民工并没有依法享受到城镇职工基本社会保险制度的相关待遇，不能被现行城镇职工基本社会保险制度所覆盖。近年来农民工的社会保障状况虽然得到了一定程度的改善，但参保比例仍旧很低。根据《2011年度人力资源和社会保障事业发展统计公报》，2011年度全国农民工总量为25278万人，其中外出农民工数量为15863万人。截止到2011年末，参加基本养老保险的农民工总数为4140万人，所占比例为16.4%，比2008年度增加5.7%。参加医疗保险的农民工总数为4641万人，所占比例为18.4%，与2008年度比例基本持平。参加失业保险的农民工总数为2391万人，所占比例为9.5%，比2008年度增加2.6%。国家统计局发布的2012年全国农民工监测调查报告显示，2012年全国农民工总量达到26261万人。相比较2011年，2012年农民工参加社会保险的水平有所提高，但总体仍然较低。雇主或单位为农民工缴纳养老保险、工伤保险、医疗保险、失业保险和生育保险的比例分别为14.3%、24%、16.9%、

① 户籍地养老保险指流动人口在户籍地拥有的城镇养老保险或农村养老保险，医疗保险指流动人口在户籍地拥有的城镇医保或新农合。

8.4%和6.1%，分别比2011年提高0.4、0.4、0.2、0.4和0.5个百分点。

本书利用计生委2011年流动人口动态监测数据，显示了外出农民工的社会保障情况（表4-18）。

表4-18 **农民工在本地拥有的各项社会保险比例（2011）** 单位:%

	养老保险		医疗保险		工伤保险		失业保险	
	男性	女性	男性	女性	男性	女性	男性	女性
雇员	3.81	3.78	6.83	6.15	12.41	6.79	1.40	1.51
雇主	6.94	7.51	10.79	10.91	5.71	3.68	2.30	2.08
个体经营	3.64	4.07	6.90	6.90	2.63	1.72	0.97	0.82
家庭帮工	3.31	3.07	6.09	5.84	3.31	1.92	1.06	0.57

数据来源：作者根据计生委2011年流动人口动态监测抽样调查数据计算而来。

由表4-18我们可以看到，不分男女，农民工在打工地拥有社会保障的情况比整个流动人口平均情况都要差。在农民工内部而言，雇主拥有各项保险比例是最高的（除工伤保险之外），并且女性雇主拥有养老保险和医疗保险的比例要比男性雇主高，但即便如此，女性雇主拥有养老保险的比例只有7.51%，这个比例是比较低的，而女性家庭帮工拥有医疗保险的比例只有3.07%。在其他非正规就业类型中，女性农民工拥有养老保险和医疗保险的比例都要比男性农民工低。虽然工伤保险对农民工没有制度和政策障碍，但农民工的参保率依旧较低。但在各种非正规就业类型下，男性拥有的工伤保险比例都要比女性高。其中男性雇员拥有的工伤保险比例最高，达12.41%，这与前面的分析是一致的。无论男女，农民工拥有失业保险的比例均较低。在农民工拥有较低失业保险比例的同时，我们也看到长期以来农民工并不存在于我国的城镇登记失业统计数据中，而处于灰色劳动领域。2008年人力资源社会保障部明确要求，将已在用工地稳定就业半年以上失去工作的农民工纳入失业登记体系。然而将失业农民工纳入失业率统计并不表明能够真正平等地对待农民工失业问题。农民工在城市里失业将意味着他们不仅无法赚钱养家，并且将无法维持在城市中的生活。

社会保障制度是社会发展到一定阶段公民应该享有的一项基本权

利，以上的研究表明目前我国的社会保障制度存在较为严重的分割性。一方面社会保障制度偏向传统的正规就业，非正规就业者整体社会保障水平低于正规就业者。另一方面城镇劳动者和农民工之间存在分割。同样是属于非正规就业者，由于户籍不同所享有的社会保障就存在很大差异。对于从事非正规就业的农民工来说，主要生活收入来源已由农业生产转向非农业务工经商活动，但生活保障仍然是以土地为依托的家庭保障。随着新生代农民工逐渐成为农民工的主体，土地的最低生活保障功能也在不断被削弱。由此对农民工社会保障的缺失和偏向性不仅损害了农民工的基本权益，也阻碍了我国非正规就业的进一步发展。

女性本来就处于弱势的地位，而女性农民工可以说是弱势群体中的弱势人群。农民工的社会保障程度较低，合法权益受侵犯的现象较为严重。加强和完善女性农民工的社会保障，保护女性农民工这个困难群体的合法权益，对促进社会公平与和谐发展具有重要意义。

本章小结

本章利用微观统计数据，从劳动者基本特征、工作状况、社会保障等角度对我国女性非正规就业者的现状进行描述性分析，并进行了性别差异比较。本章的主要结论如下：

（1）相比较男性，女性非正规就业者更年轻，受教育程度更低。

（2）非正规就业市场中存在职业、行业的性别隔离，形成所谓的“女性行业”、“女性职业”，而具体的行业职业又影响着收入水平。

（3）非正规就业中存在较为明显的收入性别差异，并且这种收入性别差异有扩大的趋势。由于正规就业者与非正规就业者的收入差距在逐渐扩大，由此非正规就业女性处于收入的最底端。

（4）女性非正规就业者的整体社会保障水平比较低，但拥有本地户籍的女性非正规就业者的社会保障水平相对较高，流动人口特别是女性农民工的社会保障水平最为低下。此外，社会保障水平还与非正规就业类型有关。

以上分析结果表明即使在非正规就业内部，女性也处于不利地位。非正规就业内部存在的性别差异，可能会带来女性在非正规就业市场中的进一步边缘化。由于在非正规就业中，女性往往集中于社区服务、餐饮服务等“女性行业”，多从事收入低、技术含量低的“女性职业”，使得女性进一步发展的机会受到限制，最终导致女性只能从事这些工作，从而产生恶性循环，使得男女性之间的差异被进一步扩大。这种看似符合男女生理特征的分工，往往把女性推向非正规就业市场中层次更低、更边缘化的位置，反映了女性在获得公共资源方面的弱势地位。

第五章　女性非正规就业选择影响因素的实证分析

在前面的分析中，已经发现相比较男性，女性非正规就业存在三大特征：就业非正规化趋势更明显、收入水平更低、社会保障水平更低。从本章开始将依次从非正规就业选择、收入水平、社会保障三个层面，对女性非正规就业进行实证分析，以形成对女性非正规就业较为完整的研究框架。

在第三、四章的分析中，我们发现女性就业非正规化的趋势非常明显，并且对女性非正规就业者的人口学、就业等特征有了大致的了解。那么女性劳动者为什么会选择非正规就业？哪些因素影响着女性的非正规就业选择？女性比男性从事非正规就业的比例高，是由于男女两性个体特征差异造成的，或是由于其他原因？换言之，在男女两性个体特征同样的情形下，女性是否比男性更倾向于从事非正规就业？这些问题必须通过实证模型来加以解答。

本章将从微观角度，探讨女性非正规就业选择的内在机理，分析户籍制度、人力资本和家庭特征等因素对女性从事非正规就业决策的不同影响。然后讨论在劳动者个人特征相同的情形下，女性是否比男性更易从事非正规就业。如果此结论成立，意味着在劳动力市场中存在对女性的某种排斥，使得女性更易进入到相对低级的非正规市场中就业，从而女性在劳动力市场中容易被边缘化。

第一节　经济模型设定

根据经济学的理性选择假设，此处假定劳动者在劳动力市场中能够在不同就业类型中进行就业决策，并且在给定其预算约束和偏好时，选择给劳动者带来最大效用的就业类型中就业（或不就业）。非正规部门就业可以看作是劳动者在面对自身劳动生产率约束、人力资本水平以及个人偏好等条件下的最优决策。对于那些受教育程度或技能较低、无法积累更多特殊人力资本的群体来讲，如果非正规部门能够提供与正规部门相当的收入水平，那么在一个不完全竞争的劳动力市场上，非正规就业就是一个好的选择。

一　非正规就业微观选择模型

在劳动者就业选择行为分析中，如果仅考虑正规或非正规就业行为，就会存在样本选择性偏误。在实际中，一些人可能会离开劳动力市场，如沮丧工人效应，而女性作为劳动力市场中的弱势群体之一，受到的影响会更大。相比较男性，女性有可能更易离开劳动力市场。因此在研究女性劳动力市场就业选择问题时，需要考虑正规就业、非正规就业和不就业三种状态。此处采用多元逻辑斯特模型[①]（Multinomial Logit Model）技术来分析女性劳动者选择非正规就业的影响因素。

根据 McFadden（1973），就业类型效用方程的随机表达式为：

$$U_{ij} = X_i' \beta_j + \varepsilon_{ij} \qquad (5-1)$$

其中，$i=1, 2, \cdots, N$，$j=1, 2, 3$；U_{ij}表示个人 i 面对第 j 种就业类型选项的效用函数，X_i是影响个人 i 选择的所有变量的组合向量；β_j是选项 j 的待估计系数；ε_{ij}是随机扰动项。个人 i 会在三种方案（即正规就业、非正规就业、不就业）中进行选择以实现效用最大化，当且仅当 $U_{ij} \geqslant \max U_{ik}$时，个人 i 选择 j 就业类型，其中 $j \neq k$，$k=1, 2, 3$。

假设 Y_i是一个随机变量，表示选择结果，这样第 i 个人选择 j 的概率表示为：

$$Prob(Y_i = j) = Prob(U_{ij} > U_{ik}) = Prob[\varepsilon_{ij} - \varepsilon_{ik} > X_i'(\beta_j - \beta_k)] \ j \neq k \qquad (5-2)$$

假设随机扰动项服从韦伯（Weibull）独立同分布，根据公式（5－

① 将就业类型各选项看作是相互独立、并不存在排序的选择，通常可以使用非排序多元 logit 模型技术来分析就业类型选择的影响因素。二元 logit 模型是多元 logit 模型的特例。此处内容参考宋月萍《职业流动的性别差异分析：多元 logit 模型》，载张莉琴、杜凤莲、董晓媛《社会性别与经济发展：经验研究方法》，中国社会科学出版社 2012 年版，第 82—83 页。有关多元 Logit 模型的更多技术细节，可参考 Greene（2002）第 21 章。

2），第 i 个劳动者选择第 j 个就业类型的概率为：

$$\mathrm{Prob}(Y_i = j) = \frac{e^{X_i'\beta_j}}{\sum_{k=1}^{3} e^{X_i'\beta_k}} \tag{5-3}$$

不失一般性，此处把 $j=1$ 选项作为参照组，设 $\beta_1=0$，则每个选项被选择的概率表示为：

$$\mathrm{Prob}(Y_i = j) = \frac{e^{X_i'\beta_j}}{1+\sum_{k=2}^{3} e^{X_i'\beta_k}}, j = 2, 3 \tag{5-4}$$

$$\mathrm{Prob}(Y_i = j) = \frac{1}{1+\sum_{k=2}^{3} e^{X_i'\beta_k}}, j=1 \tag{5-5}$$

从公式（5-4）和（5-5）可以看到多元逻辑斯特模型估计的其他选项被选择的概率是相对于参照组被选择的概率而言，即相对概率。该模型的一个重要性质是选择任何两个就业类型的概率之比与第三种选择无关。由此，两个就业类型选项的对数相对概率表示为：

$$\ln\left[\frac{\mathrm{Prob}(Y = j)}{\mathrm{Prob}(Y = 1)}\right] = X_i'\beta_j \tag{5-6}$$

从公式（5-5）和（5-6），我们可以得出自变量对就业类型 j 选项概率的边际影响为：

$$\frac{\partial P_j}{\partial X_i} = P_j\left[\beta_j - \sum_k P_k\beta_k\right] \tag{5-7}$$

这里，P_j是选项 j 被选择的概率。公式（5-7）说明，变量 X_i对统计结果估计概率的边际效应取值并不是完全由参数决定的。它同时受到参数、变量取值以及其他解释变量取值的影响。

二 数据及模型变量选择

此处采用的数据为 CHNS 中 1997—2009 年混合数据，被解释变量为就业类型选择离散变量，解释变量包括个人特征、家庭特征、地区和年份特征等方面变量。

在个人特征中包括受教育年限、工作年限、户籍、婚姻状况。通常认为，教育程度越低从事非正规就业的概率会越高。拉丁美洲的资料显示，具有高学历（研究生以上）或高技能的劳动者从事非正规就业的可能性较低而且工作稳定，而低学历、低技能的劳动者从事非正规就业的比例明显要高。[①] 国内一些学者利用微观数据也验证了这一点。吴要武、蔡昉（2006）的研究表明，劳动者从事非正规就业的概率随着其教育水平的提高而显著下降。[②]

受制度因素，特别是受中国隔离的户籍管理制度的束缚，许多无法进入正规部门的农村户籍就业者被迫进入非正规部门就业。刘妍、李岳云（2007）研究表明，由于受户籍制度的束缚、劳动力市场的性别隔离及自我就业技能的欠缺等原因，绝大多数女性农民工仅能在维持最低限度生存的部门工作，处于非正规就业的状态。[③] 李强、唐壮（2002）也对城市务工农民的非正规就业选择行为进行了分析，认为户籍障碍导致农民工不能进入到城市的正规就业体系中，非正规就业在某种意义上体现了中国劳动力市场中的城乡分割性。[④] 为说明户籍制度对女性非正规就业选择的影响，此处引入户籍虚拟变量。城镇户籍赋值为 0，农村户籍赋值为 1。

在现实生活中，社会意识和非正式规则会影响社会变迁的轨迹。按照传统的社会性别文化规范，家庭中的性别角色分工是“男主外，女主内”的分工模式。在中国经济改革过程中，这种男女有别的文化传统无疑对中国的劳动力市场起到了非正式规则的作用。一种观点认为女性走向社会是造成中国社会角色失范的重要原因，希望回到男主外、女主内的传统性别角色分工。大量女性在没有丧失劳动能力的情况下被迫下岗，女性回家、阶段就业在某种程度上成为缓解失业率上升的灵丹妙药。在这种传统文化的大环境下，劳动力市场由看不见的手指挥，女性的就业权益缺失，许多女性被迫从事非正规就业。

因此在进行劳动力的就业选择分析时，需要重视家庭内性别分工对劳动者就业选择的影响。虽然随着男女平等意识和男女平等规范的确立及女性经济独立性的增强，女性在社会、家庭中的地位不断提高，传统

---

① Marc Bacchetta, Ekkehard Ernst, Juana P. Bustamante, “Globalization and informal jobs in developing countries”, A joint study of the International Labour Office and the Secretariat of the World Trade Organization, 2009.

② 吴要武、蔡昉：《中国城镇非正规就业：规模与特征》，《中国劳动经济学》2006 年第 4 期。

③ 刘妍、李岳云：《城市外来农村劳动力非正规就业的性别差异分析》，《中国农村经济》2007 年第 12 期。

④ 李强、唐壮：《城市农民工与城市中的非正规就业》，《社会学研究》2002 年第 6 期。

家庭中的性别角色分工模式发生了很大变化。但是总的来说，由于女性自身的生理特点，女性仍旧是家庭照料和家务劳动的主要承担者。无论是在男性还是女性的意识中，传统家庭性别角色分工的规范依然占有主导地位，女性面临着维持家庭生计和照料家庭的矛盾。一些研究数据表明，非正规就业的女性劳动者比正规就业的女性更多地从事家庭劳动。女性非正规就业者用于照顾孩子、老人和做家务的时间要比女性正规就业者的相应家务劳动时间多一倍。① 而联合国妇女发展基金会（UNIFEM）研究结果表明，女性的无偿家务劳动是女性比男性从事更少有偿劳动的基本原因之一。无偿家务工作的责任限制了大量女性外出工作，由此也造成了劳动力市场男女性的分割，使得女性更多地从事非正规就业。因此由于男女性在提供家庭产品和服务上具有不同的比较优势，女性劳动者更可能从事家庭内部的劳动，而非正规就业在某种程度上能使女性在矛盾中寻求一种平衡。为了说明家庭分工对女性非正规就业选择的影响，引入家中是否有 65 岁以上老人的虚拟变量和家中是否有学龄前儿童的虚拟变量，并按儿童年龄进行了划分。

为控制不同地区、时间因素对就业选择的影响，引入地区、时间虚拟变量。

第二节 实证结果分析

根据前面实际分析及模型建立，此处把从事非正规就业作为女性个人行为选择的结果，个人就业类型决策方向可以表示为个人特征及家庭特征及社会特征的相关函数。

非正规就业者的就业选择行为有可能存在着性别差异。本章首先对男性样本和女性样本分别进行就业选择分析，随后通过引入性别虚拟变量以进一步说明就业选择行为之间的性别差异。

利用 CHNS 数据，表 5－1 给出了女性非正规就业选择模型边际效应估计结果。边际效应能够反映任一自变量的单位变化对于某一就业类型选择机会的影响。由于劳动者在就业类型之间的选择是唯一的，由此

---

① 胡凤霞：《城镇劳动力非正规就业选择研究》，博士学位论文，浙江大学，2011 年，第 46 页。

回归系数的符号表明了各变量对劳动者从事非正规就业的正向或负向影响。地区、年份虚拟变量很好地控制了由于区域、年份带来的差异，由于本书并不讨论区域和时间因素对女性劳动力就业选择的影响，所以并没有报告地区、时间虚拟变量的系数。为了便于比较，表 5 - 1 同时列出了女（男）性非正规（正规）就业选择的边际效应结果。①

从回归结果中可以看到，相比较其他变量的影响，户籍因素对女性劳动者是否从事非正规就业的影响最大。在其他条件相同的情况下，拥有农村户籍的女性从事非正规就业的可能性会比拥有城市户籍的女性提高近 9.7 个百分点。这表明户籍制度因素是影响女性劳动者是否从事非正规就业的最重要原因。受城市户籍制度与用工制度的限制，农民工在城市就业中受到社会发展先天性制度的整体排斥，即便因为由农村转移到城市就业，因地方政府和社区的保护主义及城市市民对其抢夺就业机会的偏见，导致相对于城市户籍劳动者，女性农民工自由择业的难度很大。为实现城市下岗职工的社会安置任务，实现再就业的目标，许多城市政府相继出台了相关政策，无形中加重了农民工，特别是女性农民工自由择业的限制，大量女性农民工无法在正规部门中就业，只能从事非正规就业。

教育对女性劳动者非正规就业选择的影响显著为负，意味着随着教育程度的提高，女性劳动者越不倾向于从事非正规就业。在其他条件不变的情形下，女性受教育水平每增加一年，从事非正规就业的可能性会减少 3.7%，同时从事正规就业的可能性会增加 5.4%。这意味着提高劳动者的受教育程度是帮助其由非正规就业转向正规就业的一个有效手段。女性平均受教育程度通常要比男性低，因此提高女性平均教育水平对提高女性正规就业的比例具有重要意义。教育水平的变化对于非正规就业部门选择的边际影响，反映出当前虽然户籍制度影响了就业选择，但是人力资本水平仍然是影响就业选择的重要变量，是劳动力进入具有优势部门（正规部门）的重要依据，提高人力资本水平，加强人力资本投资，依然会提高女性劳动者进入正规就业的机会，削弱制度（如户籍制度）障碍造成的影响。

① 各就业类型的边际效应之和为零，故本书没有给出不就业的边际效应。

表5-1　　多元逻辑斯特模型的边际效应：男、女性子样本

	女性		男性	
	正规就业	非正规就业	正规就业	非正规就业
教育年限	0.054***	-0.037***	0.039***	-0.024***
	(7.431)	(-9.125)	(17.324)	(-15.778)
工作经验	0.037	-0.015***	0.039***	-0.017***
	(0.001)	(-4.323)	(6.174)	(-5.001)
工作经验平方	-0.0006	0.0004	-0.0004***	0.0003
	(-0.002)	(0.001)	(-5.341)	(0.586)
已婚=1	-0.009	0.007	0.055	0.031
	(-0.004)	(0.0001)	(-1.502)	(1.015)
家中有65岁以上老人=1	-0.020	0.019	-0.069	0.051
	(-0.0007)	(0.008)	(-1.074)	(1.348)
0—3岁小孩	-0.037**	0.024**	-0.00998	0.0320
	(-3.046)	(-3.031)	(-0.241)	(0.803)
4—6岁小孩	-0.032	0.013	-0.00599	0.0342
	(-0.029)	(0.051)	(-0.152)	(0.904)
农村户籍	-0.125***	0.097***	-0.107***	0.089***
	(-9.019)	(4.018)	(-21.748)	(22.834)
控制年份	是	是	是	是
控制地区	是	是	是	是
样本容量	3684		4773	
R^2	0.176		0.185	

注：括号内为t值。***：1%水平显著，**：5%水平显著，*：10%水平显著。

数据来源：作者根据1997—2009年CHNS数据计算而来。

如果把教育变量在女（男）性劳动者正规、非正规选择模型中的边际效应做对比，可以发现一个比较有趣的现象。教育变量在女性样本（正规或非正规）中的系数（绝对值）要比在男性样本（正规或非正规）中大。这表明教育程度对女性就业选择的影响要比男性大。这在一定程度上表明女性在就业中可能会受到“歧视”，女性必须拥有更高的教育程度才能具有与男性同样的可能性进入到正规就业中。这与前面统计描述中的分析是一致的，在正规就业中女性就业者的教育程度比男性

就业者略高。

工作经验会影响女性就业者对就业类型的选择。工作经验越长会降低女性从事非正规就业的概率，这与以往一些研究结果一致。根据分段假说的观点，经验越丰富的劳动力越倾向于排队等待，从而更倾向于进入正规就业市场。

家庭特征也会影响女性劳动者的就业选择。有0—3岁小孩会提高女性从事非正规就业的概率。而拥有子女对男性就业选择的影响不大。这可能是由于两性家庭分工的不同，女性通常会投入更多精力照顾子女，从而对自身工作投入的精力就会有限，而非正规就业具有更加灵活的工作时间，为了平衡工作和家庭之间的时间分配，导致被迫或主动加入非正规就业。但家中是否有65岁以上老人，对女性非正规就业选择没有影响。事实上，国外一些学者也发现家庭特征对女性是否从事非正规就业具有显著影响。例如利用印度尼西亚的数据研究表明，家中是否有婴儿和儿童对男女性非正规就业选择是不同的。对男性而言，家中是否有婴儿和儿童对其参与正规或非正规就业没有影响，而对于女性而言，会降低其从事正规就业的可能而提高其从事非正规就业的概率。① 他们认为女性从事非正规就业可以让女性在工作与家庭责任之间兼容，由此政府应该支持女性从事非正规就业。而一些学者则认为正是由于正规就业不能使得女性兼顾家庭责任，而使得女性被迫从事非正规就业。

在第三章的分析中，我们发现女性具有就业非正规化的趋势，从直观上表明女性更容易从事非正规就业。然而女性更多地从事非正规就业，有可能是女性人力资本、工作经验缺乏的结果，即男女性并不具有相同的个人特征。为了探讨在同样的条件下，女性是否比男性更易从事非正规就业，为此把男女性样本混合，将性别虚拟变量引入到就业选择模型中。由此将方程（5－6）具体扩展为：

$$\ln\left[\frac{Prob(Y=j)}{Prob(Y=1)}\right]=\beta_0+\beta_1 D+X_i\beta_j \qquad (5-8)$$

其中，D 为性别虚拟变量；X 是与前面相同的其他控制变量。

从表5－2可以看到非正规就业模型中女性变量前的系数为正，且

① Julie H. Callaway and Alexandra Bernasek, "Gender and Informal Sector Employment in Indonesia", *Journal of Economic Issue*, Vol. 36, No. 2, 2002, pp. 313－321.

高度显著，表明女性更易从事非正规就业。在男女其他条件一样时，女性从事非正规就业的可能性会比男性从事非正规就业的可能性高4.3个百分点，与此同时，女性从事正规就业的可能性会比男性从事正规就业的可能性低5.7%，这表明女性更多从事非正规就业，不仅仅是由于户籍制度、家庭特征、男女人力资本水平的差异。在男女同等条件下，女性更容易被推入到非正规就业市场中。当然，在上述模型中，并未包括所有影响男女劳动者就业选择类型的变量，如经济发展水平、就业结构、个人偏好、社会网络等，但上述结果仍旧表明在劳动力市场中存在着对女性就业者的某种歧视，或者说女性在劳动力市场的就业选择中处于某种不利地位。

表5-2　　**多元逻辑斯特模型的边际效应：男女混合样本**

	正规就业		非正规就业	
	系数	t值	系数	t值
女性=1	-0.057***	-7.483	0.0430***	4.467
教育年限	0.047***	25.091	-0.029***	-23.347
工作经验	0.045***	7.609	-0.037***	-5.972
工作经验平方	-0.0004	-0.648	0.0002	0.551
已婚=1	-0.047	-1.184	-0.032***	3.846
家中有65岁以上老人=1	-0.049	-0.923	0.033	1.015
0—3岁小孩	-0.046	-1.192	0.061	1.487
4—6岁小孩	-0.035	-0.932	0.058	1.537
农村户籍	-0.113***	-26.872	0.089***	28.339
控制年份	是		是	
控制地区	是		是	
样本容量	8457			
R^2	0.159			

注：***：1%水平显著，**：5%水平显著，*：10%水平显著。

数据来源：作者根据1997—2009年CHNS数据计算而来。

总的来看，户籍、人力资本水平、家庭特征是影响女性非正规就业选择的主要力量。同时在相同条件下，女性比男性具有更大的可能性进入到非正规就业中，这不仅仅是由于男女的个体特征差异造成的。目前我国在许多政策立法中都明确规定男女就业机会平等，然而就业机会中的性别歧视在现实生活中却依旧非常严重。

第三节　不同视角下劳动者非正规就业选择差别分析

在前面的实证分析中，我们发现在同等条件下，女性比男性更容易进入到非正规就业市场中，并且这种差异并不完全是由男女两性在教育、经验等个体特征方面的差异所造成的。在第四章的描述性分析中，我们也发现即使在规范性比较差的非正规就业市场上，仍旧存在劳动分工的性别差异，女性处于就业金字塔的底层。女性之所以总是处在就业的弱势地位，一方面是由女性自身的原因所造成的，另一方面也表明在我国，对女性就业仍存在较大的就业歧视，而从广泛的意义上说，是因为女性缺少了更为本质的平等就业权。

在实证分析中，我们也发现户籍因素对非正规就业选择的影响。在同等的条件下，拥有农村户籍的劳动者，无论男女性，都比拥有城市户籍的劳动者有更大的可能性从事非正规就业，户籍因素是影响劳动者是否从事非正规就业的重要因素。事实上，农民工是非正规就业的主要来源。此外，即使是在收入较低、社会保障程度较差的非正规就业中，农村户籍的非正规就业者也比城市户籍的非正规就业者获得更低的收入报酬，拥有的社会保障程度更为低下。这说明在劳动力市场中，农民工处于就业的弱势地位。农民工处于这种弱势地位不仅仅是户籍制度的影响，其更深层次的原因在于农民工公民权的缺失。

本章试图从平等就业权、公民权视角对劳动者非正规就业的选择进行分析。在非正规就业市场中，女性农民工既缺少平等就业权，又缺乏公民权，是弱势群体中的弱势群体。

一　平等就业权视角

（一）平等就业权

平等就业权是公民的平等权在劳动权方面的具体体现。平等权就是公民，不分民族、种族、性别、职业、家庭出身、宗教信仰、教育程度、财产状况等在法律面前一律平等。劳动权又称劳动保障权，是指具有劳动能力的公民支配自己劳动力，并要求国家或社会为其提供劳动机会和劳动保护的权利。平等就业权包含两部分内容：一是就业机会均等。劳动力市场为求职者提供了平等的就业机会，劳动者不因民族、种族、性别、宗教信仰和文化程度等的不同而受到歧视。二是就业能力衡量尺度的平等。平等就业意味着公民在就业过程中均享有平等竞争的权利，社会应用同一尺度和标准衡量公民的劳动行为能力，求职者通过公平竞争而获得就业岗位。

早在 1958 年 6 月 25 日国际劳工组织《关于消除就业和职业歧视公约》就呼吁各国承诺和遵循一项国家政策，旨在以符合国家条件和惯例的方法促进就业和职业机会均等和待遇平等，以消除这方面的任何歧视。该公约规定就业中的性别歧视是指，由于性别的任何区别、排斥或特惠，导致取消或损害就业方面机会平等或待遇平等。但由于工作本身的特殊要求致使的任何区别、排斥或特惠不应视为歧视。因此就业中的性别歧视实际就是在劳动就业领域对不同性别劳动者的区别对待。由于社会经济现实的制约及历史传统的影响，女性相对于男性而言一直处于弱势地位。因此，就业性别歧视突出表现为对女性的就业歧视。而平等就业权就是要使得女性在就业过程中获得与男性平等的择业机会以及待遇。

尽管经济发展水平不同、文化背景不同，但世界各地对女性的就业歧视普遍存在，女性并没有完全享有与男性同等的平等就业权。在我国，政府一直十分重视女性就业问题，在法律上确立了女性与男性具有平等的就业权利，形成以宪法为主体的促进男女就业平等的法律体系。《宪法》第 48 条明确规定："中华人民共和国妇女在政治的、经济的、文化的、社会的和家庭的生活等各方面享有同男子平等的权利。国家保障妇女同男子平等的权利。"然而在现实中，无论是在进入劳动力市场中，如招聘录用方面，还是在退出劳动力市场方面，如下岗再就业、退休年龄的设置方面，都存在着对女性的性别歧视。在前面的实证分析中，我们也发现了在同等条件下，女性比男性更容易从事低端的非正规就业。这些都表明，当前女性就业平等权并未得到有效保障。

人们要求享受平等的权利是文明社会的重要宣言。由于女性的社会功能及其在家庭和养育子女方面所承担的社会意义，都使得社会应对女性的就业权益进行特别保护。维护女性平等就业权不仅能够维护社会基本稳定，同时也是人权保障的实现。

（二）女性就业权不能平等实现的经济与制度根源

女性平等就业权不能实现的原因很多，一方面是女性自我的原因，如女性劳动者的整体素质不高，另一方面传统性别观念的影响对女性不能实现平等就业起着重要作用，社会对女性家庭角色的重视远远高于对职业角色的重视。对这两方面的讨论比较多，此处不加以更多讨论。此处重点探讨经济原因、制度性因素对女性就业权平等实现的影响。

1. 经济原因

近年来中国面临着极为严峻的就业形势。在当前经济形势下，多重因素叠加令我国就业形势异常复杂，劳动力市场就业总量矛盾突出。根据中国人力资源和社会保障部新闻发布会的消息，2012 年我国实现城镇新增就业 1266 万人，为之前九年来的最高水平。但进入城镇劳动力市场人数超过 1400 万人，加上军队转业人员、下岗失业再就业人员和登记失业人员，城镇需要就业人数超过 2500 万，仍存在超过千万的就业缺口。2013 年我国城镇需要就业人数仍会达到 2500 万的高位，高校毕业生达到 699 万，就业压力仍然很大。同时，农村劳动力转移就业和失地农民的就业问题日益突出。新成长劳动力、失业再就业人员、农业剩余劳动力转移等问题交织在一起，使得劳动力总量矛盾、结构性矛盾突出，更增加了结构性、周期性、失衡性的就业压力。劳动力过剩的状态使得劳动力“买方市场”长期存在，就业机会成为一种稀缺资源，而相对于男性劳动者来说，女性劳动者处于更加弱势的地位。从利益最大化的角度看，与男性劳动力相比，女性劳动力的使用成本明显偏高。在工作年限上，女性一般低于男性五年，这使得人力资本浪费增大，为企业带来的收益减少。相对于男性而言，女性劳动者具有自然附着成本，即女性除从事社会劳动外，还需要花费时间和精力从事生育、抚养小孩、操持家务等家务劳动。在市场经济下，女性所从事家庭照料、生儿育女等劳动会占据女性大量劳动时间与精力，虽然具有社会价值但却不具有市场价值，由此追求利润最大化的企业不会为非市场劳动支付成本，去接受这种“性别亏损”。

由此在同等的条件下，在比较成本和收益后，“理性”的雇主会倾向于雇佣男性劳动力，使得女性劳动者就业困难，难以在正规部门寻求工作，只能从事门槛较低、工作更不稳定的非正规就业，由此女性就业平等权难以实现。

2. 法律制度不完善

法律制度不完善也是导致男女就业不平等的重要原因。2005 年 8 月，十届全国人大第十七次会议批准通过了国际劳工大会倡导的《1958 年消除就业和职业歧视公约》，为我国反就业歧视立法提供了依据，但目前为止我国还没有一部旨在消除劳动力市场男女不平等的基本法。虽然《宪法》、《劳动法》、《就业促进法》等法律法规均有反就业歧视的法律条款，但是由于缺乏完善的反就业歧视法律体系，缺乏有力的反就业歧视行政措施及健全的反就业歧视监督机制、救济机制，女性就业歧视现象仍然普遍存在，就业不公平的现象愈演愈烈。

从妇女平等就业权的保障角度出发，当前生育保险制度的不完善也是造成女性就业平等权缺失的重要原因。

生育保险制度是在生育事件发生期间对生育行为承担者给予收入补偿、医疗服务和生育休假的社会保障制度。早在建国初期，我国就建立了国家统筹模式的生育保险制度。经历了 50 多年的发展与变革，我国的生育保险制度在维护女职工生育期间的合法权益、保护女职工身体健康等方面发挥了重要作用。

传统的生育保险制度是建立在企业或单位保障的基础上，在市场经济条件下，女职工的生育价值与企业的经济效益相背离。当前我国两种生育保险制度并存：一是生育保险费用由职工所在单位负担。法律依据是 1988 年国务院颁发的《女职工劳动保护规定》，覆盖范围包括国家机关、人民团体、企业、事业单位。职工生育后，在本单位领取生育津贴，报销医疗费用，生育保险的管理由职工所在单位负责；二是 1994 年以后部分地区实行生育保险社会统筹。法律依据是《中华人民共和国劳动法》的配套法规《企业职工生育保险试行办法》。由职工所在单位按照其工资总额的一定比例向当地社会保险经办机构负责给付职工生育津贴、报销医疗费用，但《企业职工生育保险试行办法》仅适用于城镇企业及其职工。2012 年 11 月人社部就《生育保险办法（征求意见稿）》公开征求意见，其中将生育保险的缴费比例大幅度降低，由现行规定的 1% 降为“不超过 0.5%”。具体缴费比例由各统筹地区根据当地实际情况测算后提出，报省、自治区、直辖市批准后实施，职工个人不缴费。此外，征求意见稿将生育保险的覆盖范围确定为国家机关、企业、事业单位、有雇工的个体经济组织以及其他社会组织等各类用人单位及其职工，这将有利于生育保险制度的统一，对女性劳动者具有重要意义。

然而从社会性别视角来看，现行的生育保险制度仍存在较多问题。首先，政府对生育保险的重视程度远低于养老和医疗等社会保险，生育保险中政府责任的履行尚不充分，生育保险的推进力度和监管力度远低于其他险种，以致生育保险的缴费率一直是五大险种中最低的。2005年全国生育保险参保人数为5408万人，仅为当年养老保险全国参保人数的30.9%。近年来，生育保险参保人数快速增长，2010年达到12336万人，也仍只有当年养老保险参保人数的62.3%。[①] 截至2012年9月，全国生育保险参保人数达1.5亿人，[②] 但仍与养老保险参保人数具有较大的差距。其次，当前中国的生育保险仍然是以女性生育保护为中心，通过给予女性补偿承担生育责任导致的经济损失和生育健康保护，保障女性劳动者的权益，却对男性的生育责任缺乏足够的重视。但是，仅仅对女性的生育责任给予价值补偿以及仅在法律中对妇女就业中生育权的保护有可能是一把双刃剑。从生理角度来说，妇女参加工作后，都要面临着“四期”考验，即：经期、孕期、产期、哺乳期。《劳动法》明确规定，用人单位不得在妇女孕期、产期和哺乳期随意辞退女职工，同时应给予产假，并依法支付产假期间的工资。这对于雇主而言，一方面会增加其使用女性劳动力的用工成本，另一方面也会影响用人单位工作的连续性。由此在同等的条件下，在生育保险制度、社会保障体系不完善的情况下，用人单位就会尽量减少对女性的雇佣，使得女性的平等就业权难以得到保障。最后，非正规就业人员的生育保险制度成为制度真空。据人力资源社会保障部统计，2010年共有211万人次享受了生育保险待遇，仅占当年1600万出生人口的12%左右，生育保险受益群体主要为在岗的城镇户口女职工。[③]

---

① 蒋永萍：《社会性别视角下的生育保险制度改革与完善——从〈生育保险办法（征求意见稿）〉谈起》，《妇女研究论丛》2013年第1期。

② 中华人民共和国人力资源和社会保障部：《生育保险办法（征求意见稿）》，2012年11月。

③ 蒋永萍：《社会性别视角下的生育保险制度改革与完善——从〈生育保险办法（征求意见稿）〉谈起》，《妇女研究论丛》2013年第1期。

3. 各种因素的交织融合

当经济因素、制度缺失与传统文化等因素交织在一起后，女性平等就业权的缺失更为明显。例如在国企改制的过程中，为解决就业矛盾，政策决策层以传统的“性别分工”为理论支撑，通过减少妇女劳动力供给来解决就业压力，对女性职工实行“阶段就业”。在城镇单位提前退休和空缺岗位招聘的甄选过程中，性别都被作为一个明确的因素，从而减少了女性对正规资源的享有。学术界也多次出现“让妇女回家”的争议，从而腾出部分岗位增加男性就业。在男女性同样的条件下，女性“优先”下岗，女性下岗和内退的年龄都远低于男性。这些完全具备继续参加工作能力和意愿的下岗女性失去了正规部门中的工作，为了生存只能从事非正规就业，不能与男性享有平等的就业权。

与此同时，一些学者并不认可女性更多地从事非正规就业是平等就业权的缺失，他们认为这是劳动力市场配置社会化和现代企业运作的客观规律所形成的。由于劳动力是一种特殊的商品，既然是商品，就具有商品的基本特点。在劳动力市场上，是商品就存在供求关系。企业在市场上购买劳动力，在心理动机和行为规律上与消费者到商场购物没有本质区别。企业购买是自主自愿行为，享有充分的自由权，并且希望买到价格性能比最高的“商品”。劳动力是商品，是商品就存在商品间的竞争关系和商品间的互补替代关系。这种观点虽然具有一定的合理性，但劳动力既然被称为特殊商品，就说明劳动力与普通商品有着质的不同。首先，劳动力商品与其消费者之间的关系不同。普通商品卖给消费者后，购买者即对该商品拥有所有权和任意处置权，而劳动力商品出卖的只是劳动者的劳动，而不是劳动者本人，劳动力商品的主要消费者是法人，法人与劳动者之间的关系是契约关系，法人不拥有对劳动者的所有权和任意处置权，对劳动者的管理必须受到法律的约束。其次，劳动力在具有商品属性的同时，还具有人的基本要求，即有生存的权利、有劳动的权利、有获得尊重的权利，还有发展的权利。劳动力使用价值的发挥与这些权利的满足程度是密切相关的。① 因此，不能像对待普通商品那样简单地对待劳动力，政府必须采取有力措施保证女性的平等就业

① 步德迎：《从劳动力的商品属性谈解决就业的思路》，《中国经济时报》2003 年 2 月 25 日。

权利。

二　公民权视角

（一）公民权定义

公民权（Citizenship）是一种认同或身份的形式，使个人在政治社群中取得相关的社会权利和义务。

一般认为，公民权理论始于英国社会学家 T. H. 马歇尔（Thomas Humphrey Marshall）。在《公民权与社会阶级》（*Citizenship and Social Class*，1949）一书中，马歇尔开创性地提出了公民权理论。在文中马歇尔给出了公民权的一个基本定义。“公民权是给予那些一个共同体的完全成员的一个地位（status），所有拥有这种地位的人就这种地位所授予的权利和义务而言是平等的。”① 从这个定义可以看出：其一，公民权指一种地位，并包含权利和义务两个方面；其二，公民权代表一种平等原则。进一步通过对公民权演化的历史考察，马歇尔将公民权利划分为基本民权（civil right）、政治权利（political right）和社会权利（social right）。基本民权指人身权利、财产权利、言论自由、信仰自由等基本人权；政治权利则是参与政治的权利，普遍的选举权是核心；社会权利则是公民当然享有教育、健康和养老等权利。

基于对英国公民权发展历史的研究，马歇尔将公民权利的形成归纳为从基本民权到政治权利到社会权利的三阶段演化稳步发展进程。随着公民权研究的推进，在最新的社会学研究中，人们开始直接着眼于将公民身份作为特定共同体的“成员资格”，将公民权的实质理解为“社会排斥”② 。“社会排斥”定义为基本公民和社会权利得不到认同（比如获得充足医疗、教育和其他非物质形式的福利），以及在存在这些认同的地方，缺乏获得实现这些权利所必需的政治和法律体制的渠道，而公民资格的获取就是一个不断解除社会排斥的过程。

在我国，农民工作为中国城市化进程中的特殊群体，其群体的边缘性和弱势性使其成为非正规就业的主要人群。他们在城市中受到包括经

---

① 陈鹏：《公民权社会学的先声——读 T. H. 马歇尔〈公民权与社会阶级〉》，《社会学研究》2008 年第 4 期。

② 胡凤霞：《城镇劳动力非正规就业选择研究》，博士学位论文，浙江大学，2011 年，第 80 页。

济、政治、社会等各个领域的排斥，资源和机会的获取更是受到了很大的限制。

较早用公民权的视角系统地考察解释中国农民工问题的是美国学者苏黛瑞（Dorothy J. Solinger）。她认为对于那些从农村流动进入城市的农民工而言，问题不仅仅是暂时缺乏由国家提供的维持日常生计所必需的条件，关键在于由于不拥有城市户口，他们根本没有资格享有城市中的正常生计，没有资格享有城市居民作为与生俱来的自然权利、社会福利和服务。因此，对于进入城市中的农民工来说，根本问题不在于直接去争取维持生计的收入、福利、服务等，而是争取获得这些待遇和机会的资格，也就是争取“公民权”①。

陈映芳从“市民权”概念入手，探讨了农民工成为“非市民”的制度背景和身份建构机制。她认为政府对既有户籍制度的需要是户籍制度及农民工制度长期被维持的基本背景。目前中央政府的放责放权与地方政府的自利自保倾向并不利于农民工权益问题真正解决。只有把农民工问题视作其如何获得市民权而不是视作农民工的权利问题时，农民工的问题才可能真正获得解决。②

王小章认为，把户口问题看作农民工问题的本质，意味着将户籍身份看作是农民工的本质性身份，将农民工与城市中其他社会成员在户籍身份上的差别看作是本质性的差别。而实际上除了户籍身份差别，农民工与其他社会成员还有其他维度的身份差别。如农民工作为受雇者和雇主之间的身份差别，即使是同为受雇者时，农民工和许多非农民户口的普通受雇者之间在处境地位上也具有很大的差异性，由此户籍因素只是农民工在城市社会中之劣势地位的根本原因之一。因此，尽管市场化已对那种建立在户口制度上的公民权提出了挑战，但由于种种原因，特别是由于国家、城市政府、原先的城市居民等均不愿放弃现有的户口制度，农民工要获得与城市居民同等的公民权并不容乐观。③

---

① Dorothy J. Solinger, *Contesting Citizenship in Urban China*: *Peasant Migrants*, *the State*, *and the Logic of the Market*, Berkeley : University of California Press, 1999.

② 陈映芳：《“农民工”：制度安排与身份认同》，《社会学研究》2005 年第 3 期。

③ 王小章：《从“生存”到“承认”：公民权视野下的农民工问题》，《社会学研究》2009 年第 1 期。

（二）农民工公民权缺失的制度性根源

1. 二元户籍制度的障碍

正如前文所述，户籍制度是造成农民工公民权缺失的重要制度原因。

我国城乡二元户籍制度始于 1953 年，该制度在实践上有一个基本特点，即户口的不可迁移性。城乡二元户籍制度是计划经济体制在人口管理方面的表现，在当时具有积极意义。

改革开放以后，二元户籍制度逐渐松动，但目前仍未有根本的突破。近年来户籍制度改革的逐渐开展在一定程度上淡化了农业户口和非农业户口的划分，然而户籍制度仍将农村劳动力屏蔽在分享城市社会资源之外，依附在户口之上的各种公民权因此也难以实现。虽然在不改变户籍制度的前提下，中央以及地方政府采取了多项措施以打破城乡劳动力在就业、教育、社会保障等各个方面的户籍隔离，使农民工获得了部分的公民权，但目前农民工仍不能与普通城市市民享有相同的社会保障、住房、子女教育等一系列社会资源以及福利待遇。出于维护社会稳定的考虑，政府要求农民工按照规定申报暂住户口登记和申领暂住证，使得农民工是有别于城市居民的“外来人口”，这样一来，就出现了制度的歧视性效果。

2. 农民财产自由处置权的缺失

当前我国在农村推行以家庭联产承包责任制为主的多种形式的土地责任制，土地在集体所有的前提下实现了所有权与经营权的分离。家庭联产承包责任制为主的土地制度在一定历史时期内调动了农民的生产积极性，为社会进步发挥了积极的作用。然而随着时间的推移，其弊端也日益呈现。

与城镇居民相比，农民对自己的财产不拥有完整的财产权，财产性收入较少。比如，农民家庭的承包地、宅基地等使用权不能抵押，宅基地不能流转；农村产权市场缺失，尤其是城乡统一的建设用地市场长期缺失，国家征地补偿过低，城乡建设用地同地不同价、同地不同权。在未进入城市之前，农民工依靠土地生活，而进入城市后由于农民工没有在城市生存和发展的经济基础，只能依靠出卖劳动力维持生存。由此在农民的财产权处于一种相对缺失的情况下，农民工并不能成为真正意义上独立、自由的市场主体。在优胜劣汰的市场经济中，农民工处于先天相对弱势的状态，在劳动力市场中只能从事相对低级的非正规就业。

本章小结

统计结果表明女性从事非正规就业的比例要比男性高，那么哪些因素是影响女性劳动者从事非正规就业的关键变量？女性是否比男性更倾向于从事非正规就业？本篇利用 CHNS 数据，采用一个多元逻辑斯特模型对上述问题进行了研究，本篇的主要结论如下：

（1）户籍因素是影响女性劳动者是否从事非正规就业的最重要原因，拥有农村户籍的女性从事非正规就业的可能性会远远高于拥有城市户籍的女性。

（2）受教育程度越低、经验越缺乏的女性劳动者越倾向于从事非正规就业。受教育程度对男女性非正规就业的选择影响有所不同，教育程度对女性的就业选择影响要比男性大。

（3）家中有 0—3 岁儿童会提高女性从事非正规就业的概率，但对男性是否从事非正规就业没有显著影响。

（4）在相同的条件下，即在控制个人特征、家庭特征等一系列因素后，女性仍旧比男性有更大的可能性从事非正规就业。

以上结论意味着这样一个事实：相比较男性，女性更倾向于从事非正规就业。女性人力资本水平较低，而非正规就业对人力资本的要求不高，使得女性更易从事非正规就业工作。由此非正规就业女性整体素质不高是制约女性就业正规化的一个重要原因。为此，要把提高女性自身素质作为一项基础性工作。此外，女性更趋向于从事非正规就业也受到社会性别分工的影响。但另一方面，即使在控制男女性所有个人、家庭、地区、时间等特征后，女性劳动者从事非正规就业的概率仍旧比男性高。这表明女性非正规就业的选择还受到其他因素的影响，这些因素可能包括经济环境、性别歧视等。从广泛意义上讲，女性之所以处在就业的弱势地位，是因为他们缺乏了某种更本质的、扩展到市场之外的平等就业权，而户籍因素对劳动者就业选择会产生影响的根源在于农民公民权的缺失。

第六章　女性非正规就业者收入决定分析

收入是衡量劳动力市场机会平等的一个重要指标。在第四章的描述性分析中，已经发现非正规就业者的收入低于正规就业者的收入，并且非正规就业中存在较为明显的收入性别差异，即在劳动力市场中女性非正规就业者处于收入的最底端。那么女性非正规就业者的收入是由什么因素决定的呢？又是什么造成非正规就业中存在显著的收入性别差异呢？本章将重点对这两个问题展开讨论。

第一节　女性非正规就业者工资收入影响因素分析

一　工资收入决定的理论基础与模型选择

（一）明瑟收入决定方程

收入决定模型是劳动经济学研究的一个重点。1974 年明瑟（Mincer）在其著作《学校教育、经验与收入》一书中提出了人力资本收入函数（human capital earnings function），从而奠定了工资决定方程的研究模型。这个模型的最初形式是：

$$\log(wage) = \beta_0 + \beta_1 educ + \beta_2 \mathrm{exper} + \beta_3 \mathrm{exper}^2 + u$$

其中 log（*wage*）表示个体 i 工资收入的对数，*edu* 表示受教育年限，exp 表示完成学业后的工作年限，exper^2表示工作年限的平方，反映工作经验与收入的关系，*u* 为随机扰动项，β为待估计的参数。

明瑟（Mincer）收入决定函数的理论根据是受教育选择模型和学业后培训决定模型，可看作实证归纳和理论演绎的成功结合。根据人力资本理论，劳动者通过教育、培训等人力资本投资获得相应的人力资本存量，在进入到劳动力市场后，通过与其他生产要素的结合获得个人劳动收入。无论是在竞争性还是在非竞争性劳动力市场中，人力资本存量都对劳动者获得个人收益产生重要影响。通过获得更高的教育水平或培训等活动成为劳动者提高其个人收入水平的重要方式和途径。人力资本影响并决定劳动者的劳动生产效率，一般来说，劳动者的人力资本存量越高，其劳动生产效率也会越高。由此人力资本存量高的劳动者获得较高的收入，相反人力资本存量低的劳动力获得较低的收入，市场机制对劳动力进行了有效配置。①

明瑟（Mincer）收入决定方程是劳动经济学中对劳动者收入决定因素进行经验分析的基石。但由于影响收入的因素较为复杂，明瑟方程只考虑了教育与工作经验两个反映人力资本水平的变量，忽略了其他变量，诸如性别、家庭特征、职业、地区等因素对收入的影响。本书主要采用扩展的收入决定函数进行实证研究，其基本形式为：

$$\log(wage) = \beta_0 + \beta_1 educ + \beta_2 \mathrm{exper} + \beta_3 \mathrm{exper}^2 + \gamma\ Z + u$$

Z 为一组控制变量，代表其他因素对收入的影响，γ为系数向量。

（二）样本选择性偏误的纠正

在估计工资方程的时候，可能会存在样本自选择性的问题。这是由于不同就业类型从业人员的分布并不是随机的，极有可能是自选择的结果。自选择性偏差的存在会导致普通最小二乘法（OLS）估计结果的不一致性（Inconsistency），因此我们必须对自选择性问题进行处理，以纠正估计偏差。当就业选择类型只有就业与非就业两种时，我们可以应用赫克曼（Heckman，1979）的方法来纠正选择性偏差。然而，当把就业进一步分为正规和非正规两种类型时，个人的选择变成三种，因此赫克曼的方法不再适用，需要对其进行扩展。勃根纳尔等人（Bourguignon et al.，2001）将选择性偏差的纠正扩展到了多项选择的情形。

和赫克曼的方法一样，勃根纳尔等人方法（下面简称 BGF② 方法）也包括工资和就业选择决定方程，只是该方法中就业选择类型多于两

① Mincer，J.，"Investment in Human Capital and Personal Income Distribution"，*Journal of Political Economy*，Vol. 66. No. 4，1958，pp. 281 – 302. Heckman，J. J.，"A Life Cycle Model of Earnings，Learning and consumption"，*Journal of Political Economy*，Vol. 84，No. 4，1976，pp. S11 – S44.

② BFG 方法是 Bourguignon、Fournier 和 Gurgand（2001）中提出的多项自选择偏误纠正方法的简称。此部分推导比较复杂，此处只做简单介绍，详见原文。

个。两种方法基本点都是先估计逻辑斯特（logit）模型，得到样本选择项，然后把样本选择项作为新的解释变量加入到原来的工资方程中，使工资方程可以用普通最小二乘法进行估计。

设需要估计的工资方程为：

$$Y_s = X_s\beta_s + u_s,\ s=1,2,3 \tag{6-1}$$

就业选择决定方程为：

$$I_s^* = Z_s\gamma_s + \eta_s \tag{6-2}$$

$$E(u_s|X,Z) = 0,\ V(u_s|X,Z) = \sigma_s^2 \tag{6-3}$$

其中 Y_s 表示第 s 个就业类型的收入变量；X_s 和 Z_s 分别为表示个人特征、家庭特征、地理特征等的外生变量；I_s^* 表示选择某种就业类型的“效用”；β_s 和 γ_s 分别为工资方程与就业选择决定方程中的估计参数；u_s 和 η_s 分别为工资方程与就业选择决定方程中的随机扰动项；$E(u_s|X,Z)$ 与 $V(u_s|X,Z)$ 分别表示 u_s 的条件期望与条件方差；$s=1,2,3$ 分别表示正规就业、非正规就业、不就业三种状态。

在工资方程中，$s\neq3$，因为不就业人员没有收入。工资变量 Y_s被观察到当且仅当就业状态 s 得到选择，即 $I^* > MaxI_j^*$ 时，$j\neq s$。

当对不同就业状态的工资方程分别使用普通最小二乘法进行估计时，如果存在未观测到的影响收入和就业选择的个人特征，会导致误差项 η_s和 u_s存在相关性，因此运用普通最小二乘法对工资方程进行估计会得到 β 的非一致估计。为克服可能存在的 β 的非一致估计，BGF 方法扩展了赫克曼的两阶段样本选择纠正模型到多元逻辑斯特（Multinomial Logit）情形。

假设 η_s独立、同分布，服从最小极值（Gumbel）分布，即独立无关选择假设（IIA）。η_s的分布函数和概率密度分别为 $G(\eta) = \exp(-e^{-\eta})$，$g(\eta) = \exp(-\eta - e^{-\eta})$。

定义

$$\eta_s^* = \Phi^{-1}(G(\eta_s)),\ s=1,2,3,\cdots,M \tag{6-4}$$

则 η_s^* 服从正态分布。若 u_1 服从正态分布，则 u_1 与 η_s^* 服从二维正态分布。

设 $\tilde{\rho}_s$ 是 u_1 与 η_s^* 的相关系数，由于 η_s^* 之间彼此独立，则 u_1 可表达为 η_s^* 的线性组合，即

$$u_1 = \sigma_1 \sum_{s} \tilde{\rho}_s \eta_s{}^* + \omega_1 \tag{6-5}$$

其中 ω_1 为残差项，与所有的 $\eta_s{}^*$ 不相关，且 $E(\omega_1) = 0$ 。通过比较复杂的计算，得到

$$Y_1 = X_1\beta_1 + \sigma_1(\tilde{\rho}_1 m(P_1) + \sum_{s>1} \tilde{\rho}_s \frac{P_s}{(P_s - 1)} m(P_s)) + \nu_1 \tag{6-6}$$

其中 ν_1 是随机扰动项，期望值为零，且与（6－6）式中的其他项不相关。P_s 是由多元逻辑斯特模型计算得到的第 s 个就业选择类型的概率；其中

$$m(P_1) = E(\eta_1^* \quad I_1^* > \underset{j\neq 1}{Max}(I_j^*)) \tag{6-7}$$

$$m(P_s)\frac{P_s}{P_s - 1} = E(\eta_s^* \quad I_1^* > \underset{j\neq 1}{Max}(I_j^*))\ , \ s > 1 \tag{6-8}$$

m（P_1）和 $\frac{P_s}{(P_s - 1)}m(P_s)$（$s>1$）为 M 个样本选择项。

二　女性非正规就业者工资方程估计结果分析

本节利用扩展的明瑟（Mincer）收入决定模型对女性非正规就业者的工资方程进行估计，考虑到可能存在的样本选择性偏误，采用 BGF 方法进行纠正。

（一）数据与变量的选择

此处采用的数据为 CHNS 中 1997—2009 年女性非正规就业者数据，被解释变量为月工资的对数，解释变量包括个人特征、就业方式、地区特征等三个方面。

在个人特征中包括受教育年限、工作年限、户籍、婚姻状况。根据人力资本理论，决定劳动者收入高低的最重要因素是劳动者的人力资本水平。人力资本水平较高的劳动者，通常能够在劳动力市场上获得较好的就业机会并由此获得更高的报酬。国内一些学者的研究也证实了这一观点，教育、工作经验等反映人力资本水平的因素对劳动者获取收入和经济地位具有重要影响，提高人力资本会明显提高其个人收入水平。①

① 赵耀辉：《中国农村劳动力流动及教育在其中的作用——以四川省为基础的研究》，《经济研究》1997 年第 2 期。都阳：《教育对贫困地区农户非农劳动供给的影响研究》，《中国人口科学》1999 年第 6 期。

为验证在非正规就业中，人力资本存量对女性收入的影响，此处用教育年限和工作年限作为人力资本的代理变量，其中教育年限是指劳动者获得正规教育的年数。受到数据限制，本书无法区分教育质量问题。由于无法获取劳动者准确的工作经验数据，此处只能用工作年限（年龄—受教育年限—减去学龄前的6年）代替工作经验变量。工作年限只能部分代表劳动者在工作中累积的经验资本，由于统计调查和样本限制，不能考虑有些人出现过工作间断和转换工作的情况。

在中国，户籍制度是一项与资源配置和利益分配密切相关的制度，影响着每个人的收入及福利水平。户籍制度导致了二元劳动力市场，对外来人口特别是农村户籍的劳动者，在就业机会、就业待遇以及就业保障的排斥与歧视导致农村户籍劳动力（农民工）通常从事最底层、最低级的工作，很难有机会进入较高层级的工作岗位，造成其收入水平较低。但户籍因素对收入的影响也会具有某种不确定性。例如对于本地户籍非正规就业者而言，即使有些工作收入较高但流动性较强，出于户籍的限制和自身的某种优越感，会使她们失去通过流动寻找更匹配工作的可能性，从而对收入水平产生影响。为描述户籍因素对女性收入的影响，在模型中用户籍虚拟变量表示女性非正规就业者的户籍特征。城镇户籍赋值为0，农村户籍赋值为1。

不同职业可能会影响女性非正规就业者的劳动收入。一方面是由于各职业对就业人员人力资本上的要求有差异，从而导致了职业间劳动要素报酬上的差异。另一方面是由于劳动力市场、地区分割所带来的不同职业间人员自由流动的障碍，从而造成收入差别。为此本书引入不同职业[①]的虚拟变量。

为控制不同地区存在的收入差距，引入地区虚拟变量。

（二）经验分析结论

表6－1列出了女性非正规就业者的工资方程估计结果。为分析女性工资随时间变化的结果，此处按年份分别进行回归。在回归结果中，选择项（m1，m2）在统计上显著表明，相比较于普通最小二乘法，BGF方法是非正规就业工资方程合适的估计方法，即确实存在样本选择性。

---

① 按照CHNS中关于职业的划分，本书把非正规就业者分为个体经营者（包括雇主）、技术工人、非技术工人、服务行业人员及其他不便分类的其他劳动者。

表6－1　女性非正规就业者工资方程估计结果

年份	1997	2000	2004	2006	2009
受教育年限	0.017**	0.021***	0.025**	0.024***	0.029***
	(2.125)	(4.181)	(2.016)	(4.197)	(5.023)
工作经验	0.005**	0.009***	0.011***	0.008**	0.013***
	(2.502)	(4.357)	(3.704)	(2.943)	(5.437)
工作经验平方	－0.00016**	－0.00026***	－0.0004***	－0.00029***	－0.0004***
	(2.407)	(3.892)	(4.291)	(3.511)	(5.219)
已婚	0.027	0.048	0.012*	－0.008	0.035
	(0.044)	(0.098)	(1.749)	(0.101)	(0.066)
农村户籍	－0.056**	－0.059***	－0.047*	－0.032***	－0.027***
	(－4.388)	(3.903)	(7.016)	(5.217)	(5.276)
控制职业	是	是	是	是	是
控制地区	是	是	是	是	是
选择项_ m1	－0.279***	0.298**	－0.423*	－0.653***	3.654***
	(3.549)	(2.469)	(2.031)	(5.212)	(3.771)
选择项_ m2	－0.827*	－0.287**	－0.289**	0.751**	0.910***
	(1.696)	(2.113)	(2.547)	(2.325)	(4.173)
选择项_ m3	0.727**	－0.048	0.164	0.773*	0.692**
	(2.296)	1.098	(1.243)	(1.892)	(2.154)
常数项	5.287***	3.598***	6.349***	1.012***	7.327***
	(6.348)	(10.476)	(9.254)	(3.471)	(5.376)
拟和优度	0.256	0.204	0.216	0.382	0.274
样本数	304	300	308	337	378

注：括号内为t值。***：1%水平显著，**：5% 水平显著，*：10% 水平显著。

数据来源：作者根据1997—2009年CHNS数据计算而来。

教育显著提高了女性非正规就业者的收入水平，但女性非正规就业者的教育回报率比较低。1997年女性非正规就业者的教育回报率为1.7%，此后教育回报率呈上升趋势，2009年为2.9%，这个数值仍旧是比较低的。如果与正规就业工资方程[①]做对比，发现女性非正规就业中的教育回报率要低于女性正规就业中的教育回报率。之所以呈现这样的特征，其原因可能在于以下几点。无论在教育水平还是教育结构上，相比较于非正规就业者，正规就业者都更具优势，因而在控制其他条件不变的情况下，往往能获得更高的回报。另一方面也可能是教育“信号”效应。这是由于正规就业通常是指向正规部门，如政府机关、国有企事业单位或具有一定规模的外资企业，这些单位通常会按照教育“信号”效应进行人员的薪酬安排，具备高教育水平的人员通常能获取较高回报率。而非正规就业者获得收入的多少直接由劳动生产率的大小所决定，工资具有较强的竞争性，教育“信号”效应对其工资增长影响相对较弱。[②] 正规就业与非正规就业中的教育回报率差距，使得人力资本高的就业者更加愿意从事正规就业。在第五章女性非正规就业选择模型中，发现在相同教育水平下，女性劳动者比男性劳动者更容易进入到非正规就业中，而非正规就业中具有相对较低的教育回报率，这无疑会对女性的社会和经济地位产生不利影响。

按照人力资本理论，学校正规教育是劳动者获取个人人力资本的基础，但正规教育只是人力资本投资中的一部分。在正规教育之后，特别是进入劳动力市场之后，劳动者工作技能得到发展并通过在职培训等方法在工作中获得更多的人力资本，并且这种通过工作经验获得的人力资本才是劳动者整个生命周期中最重要的人力资本组成部分，也是劳动者能够获得更高收入的主要手段。劳动者个人收入与工作经验的关系通常呈现为倒U形，即在劳动者就业前几年，随着工作经验增加，收入会迅速上升；到了职业生涯的中期，收入的增长率逐步下降，但工作经验对收入的影响仍为正；到了职业生涯的晚期，收入会随着工作经验增加而趋向于负的增长率。在女性非正规就业工资方程中，工作经验前的系数为正，工作经验平方项前的系数为负，表明工资与工作经验的关系符合

---

① 正规就业回归方程未列出。

② 魏下海、余玲铮：《我国城镇正规就业与非正规就业工资差异的实证研究——基于分位数回归与分解的发现》，《数量经济技术经济研究》2012年第1期。

倒U形的特征，工作经验的回报率基本上在13—16年达到最高值①（保持其他条件不变），之后工作经验回报率逐渐下降。这表明在非正规就业中，工作经验的积累可以帮助女性非正规就业者提高收入。但另一方面女性非正规就业者经验回报到达顶点的年限比较短，表明女性非正规就业者在后期人力资本投资不足。

户籍因素对女性非正规就业者工资有显著影响，户籍虚拟变量前的估计系数为负，意味着在个人特征都给定的情况下（尤其是教育和工作经验都相同的情况下），农村户籍女性比城镇户籍女性的工资收入要低。这是由于是受城市户籍制度与用工制度的限制，女性农民工在城市社会中受到社会发展先天性制度的整体排斥，使得她们只能从事劳动强度大、工作时间长但收入较低的工作。但另一方面也看到，户籍变量前的系数（绝对值）在逐渐变小，这表明在教育水平、工作经验等个人特征既定的情形下，户籍对女性非正规就业者收入的影响已经趋于变缓。事实上，户籍限制对于低端城市居民来说也是不利的，户口限制流动性，也限制了她们选择那些流动性强的、收入高的工作。但另一方面女性农民工获得更高收入，可能是由于她们比城市女性非正规就业者付出更多劳动、更多时间的结果。

婚姻变量前的回归系数基本为正，但在统计上并不显著，表明婚姻对女性非正规就业者的收入水平没有显著影响。

第二节　非正规就业中收入性别差异的实证分析

收入性别差异作为劳动力市场中性别关系最直接的表现形式，是劳动经济学研究的一个重要课题。目前主要用三种方法度量收入性别差异的大小，一是直接计算男女性的水平收入差异，即女性平均工资与男性平均工资之间的差距。二是利用工资方程，测算控制其他变量之后的性别效应，即在收入方程中加入性别虚拟变量，并估计该变量在收入方程中的系数大小。三是通过收入分解，估算不能被工资方程所解释的收入性别差异部分，并计算该部分占总差异的比例，其中不可解释部分即为

① 对于转折点的计算：针对 $Y=\beta_0+\beta_1\text{exper}+\beta_2\text{exper}^2+u$ 的回归模型，转折点的值为 $\text{exper}^*=|\hat{\beta}_1/2\hat{\beta}_2|$。

经济学文献中所说的工资性别歧视。[①] 在第四章的描述性分析中，我们直接观测了非正规就业者总体收入性别差异，发现在非正规就业中，男女性之间具有较大的收入差异，但这种收入差异可能是由于很多因素造成的，如男女性人力资本水平不同、劳动力市场存在性别职业隔离等。

在已有文献中，讨论中国城镇工资性别差异的文献比较多，但对非正规就业中工资性别差异的研究并不多。本节将控制其他变量，以判别性别效应，并利用收入分解来说明非正规就业中男女性之间的收入差异。

一　收入性别差异的经济学解释

在西方经济学的研究中，解释收入性别差异的理论主要有人力资本理论、性别歧视理论、劳动力市场分割理论等。这些理论分别从劳动力供给方（受雇者）角度或劳动力需求方（雇主）角度出发。

（一）人力资本理论

人力资本理论试图从供给方面解释收入性别差异。现代人力资本理论是20世纪50年代末60年代初，由美国经济学家舒尔茨（Schultz，1960）、贝克尔（Becker，1962）和明瑟（Mincer，1957）等人创立。他们通过对人力资本投资及其所形成的人力资本在经济增长、工资增长等方面作用的论述，建立了现代人力资本理论的基本框架，从而开创了经济学研究一个崭新的领域，也确定了人力资本理论在解释工资决定因素方面的主导地位。[②]

人力资本理论认为，男女两性存在较大的人力资本差异主要有两方面的原因。首先，由于男性和女性在家庭和劳动力市场扮演的角色不同，他们的教育和培训投资回报不同，因此男女教育投资决策也不同。其次，部分教育投资不是由成年的男性和女性决定的，而是其在未成年时由父母决定的。女性在劳动力市场的不利地位、社会对女性的歧视、传统婚嫁制度等因素都会影响父母对男孩和女孩教育回报的预期，从而

---

① Oaxaca, Ronald, "Male-Female Wage Differentials in Urban Labor Markets", *International Economic Review*, Vol. 14, N. o. 3, 1973, pp. 693 – 709.

② 东梅：《人力资本与性别工资差异：二元样本自选择偏误的纠正》，载张莉琴、杜凤莲、董晓媛主编《社会性别与经济发展：经验研究方法》，中国社会科学出版社2012年版，第98—102页。

影响他们的投资决策。[①] 因此男性和女性生活方式存在的差异使得他们在人力资本上的投资也相应地有所不同。男性在就业上总是希望不间断的，所以必须对自己进行持续的人力投资，而相反，女性在就业和人力投资上是阶段性的。由此男女两性在人力资本的差异导致两性收入差异的存在。

人力资本理论强调劳动者的个人特征，认为女性在人力资本（如教育、技能或经验等）的投入比男性少，因而收入的性别差异正是体现了对不同人力资本投入所支付成本的补偿。人力资本理论为解释性别收入差异提供了宽广的途径，至今人力资本模型仍然是解释性别收入差异的主导模型。

（二）劳动力市场分割理论

劳动力市场分割理论是建立在新古典经济学基础上的一种理论。劳动力市场的性别分割是导致工资性别差异的重要原因之一。劳动力市场分割理论认为社会制度和政策在决定劳动者被雇佣、提升和收入决定等方面起着主导作用。

在劳动力市场分割中，比较常见的是职业与行业的性别隔离，这是由于男女两性在面临职业和行业选择时，所处环境极为不同，由此导致男性和女性分别集中到不同的职业和行业，性别分布比例失衡。劳动力市场性别分割有供给方面的原因，也有需求方面的原因。从供给方面来看，由于传统性别分工，女性承担大部分家庭照料的责任。为了照料孩子和家庭，许多女性选择时间、地点比较灵活、体力消耗比较小的工作，这种工作报酬往往比较低。或者是由于社会传统习惯的原因，女性多选择从事一些“女性职业”。从需求方面看，由于对女性的偏见，雇主往往会在招聘、在职培训和提拔等决策时歧视女性。但无论是什么原因，性别分割的后果就是女性被集中在收入较低的“女性职业”和“女性行业”，从而导致工资性别差异的产生。[②]

劳动力市场分割理论着眼于结构性因素（职业和行业的性别构成）

① 东梅：《人力资本与性别工资差异：二元样本自选择偏误的纠正》，载张莉琴、杜凤莲、董晓媛主编《社会性别与经济发展：经验研究方法》，中国社会科学出版社 2012 年版，第 98—102 页。

② 刘晓昀：《性别工资差异分析：平均工资差异分解》，载张莉琴、杜凤莲、董晓媛主编《社会性别与经济发展：经验研究方法》，中国社会科学出版社 2012 年版，第 123—129 页。

对收入性别差异的影响，并进一步认为劳动力市场存在性别歧视。

（三）劳动力市场歧视理论

歧视通常是指在现行劳动力市场上具有相同生产率的个体，由于性别、种族、信仰等一些非生产性特征的不同，而影响他们获得同等劳动报酬或同等就业机会。如果雇主对具有相同生产率的男性与女性雇员支付了不同的工资，就可以认为存在工资性别歧视。而职业歧视，是指雇主故意将与男性雇员具有相同教育水平和劳动生产率的女性雇员安排到低报酬的职业或工作岗位上，而把高工资报酬的工作留给男性雇员。而第三种不明显的性别歧视是劳动力市场歧视的“反馈”影响（Feed back effect）或前市场歧视（Pre-maket discrimination）。当女性劳动力的人力资本回报偏低或受到培训、晋升等不公平待遇时，会使女性减少其对人力资本的投资或降低其工作的积极性，从而降低了女性的劳动生产率与收入。

目前为止还没有统一的劳动力市场歧视理论。贝克尔（Becker）的歧视偏好理论（taste for discrimination）表明雇主的个人偏见、雇员的偏见、消费者歧视都会使得劳动力市场上存在收入性别差异。雇主不愿意去雇佣某种特征的人时会出现雇主歧视。[①] 例如如果雇主更不喜欢女性的话，为了与男性竞争工作机会，女性就不得不接受低于边际劳动生产率的工资，以弥补雇主雇佣女性所造成的福利损失，这就是对女性的性别歧视。来自雇员的偏见也是产生歧视的另一个重要原因。在贝克尔的模型中，白人男性雇员会因为自己的歧视偏好不愿意在那些无女性歧视行为的企业就业。无歧视行为的雇主会发现，如果要雇佣或留住白人男性雇员，就必须给白人男性雇员支付比不采取对女性歧视政策更高的工资。由此，无歧视行为的雇主会因为雇员的歧视态度为雇佣女性付出更高的成本。如果这种成本或压力足够大，雇主就会被迫减少对女性劳动力的需求并降低女性的工资水平。[②]

统计性歧视理论认为，信息的不完全与不对称，及获得信息需要支付成本是歧视的根源。企业在劳动力市场上招聘员工时，往往会将以往

---

① Becker, G. S.. *The Economics of Discrimination*, The University of Chicago Press, 1971 (Orginal edition, 1957).

② 杨河清、王守志：《劳动经济学》，中国人民大学出版社 2006 年版，第 348—356 页。

求职者的群体特征推断为个体特征，这会使弱势群体（如女性）遭受统计性歧视。雇主总是希望能雇佣到劳动生产率最高的员工。但实际上，雇主在较为有限的招聘时间里无法精确地评估求职者的素质以及他们对工作的投入程度，他们在雇人或安排岗位的时候往往就会遵循统计学（大多数）原则。例如，雇主认为由于家庭分工和家庭责任的影响，女性对工作投入的精力一定会比男性少，当这种对女性群体的先验判断影响到对女性个人的招聘、工资决定、职位升迁时，就是对女性的统计歧视。对于企业来说，统计歧视是不完全信息下的高效率的做法，与雇主利润最大化目标是一致的，很难由于市场竞争而消失。①

前市场理论歧视指出了歧视的另一种根源：累积性的历史因素。这种歧视性投资表现在两个方面：社会的歧视性投资和被歧视群体的自我歧视性投资。被歧视群体的自我歧视性投资，是对劳动力市场歧视的一种预期反应，也是一种理性的人力资本投资决策。②

二 收入性别差异分解方法

虽然在实际中人们观测到男女性工资收入存在较大差异，但性别工资差异不等同于性别工资歧视，不能将所有观测到的工资收入差异都归于歧视，只有将性别收入差异层层分解后，才能得到严格意义上的性别歧视。因此对收入差距进行分解是劳动经济学研究中的常用方法，该方法试图对收入性别差异的原因进行分析。这种分析模式的基础仍旧是明瑟（Mincer）工资方程，它把收入性别差距的总量分解为两个部分，一部分是由于男女性的特征差异（可解释部分）所造成的，另一部分是由于男女性劳动者具有相同的禀赋，但却具有不同市场回报率而由此导致的工资性别差异，这通常是由于歧视以及其他不可观测因素所造成的。

工资性别差异的分解方法最早由奥克萨克（Oaxaca，1973）提出。③

---

① 刘晓昀：《性别工资差异分析：平均工资差异分解》，载张莉琴、杜凤莲、董晓媛主编《社会性别与经济发展：经验研究方法》，中国社会科学出版社 2012 年版，第 123—129 页。

② 姚先国、谢嗣胜：《西方劳动力市场歧视理论综述》，浙江大学劳动经济与公共政策研究中心工作论文。

③ Oaxaca, Ronald, "Male-Female Wage Differentials in Urban Labor Markets", *International Economic Review*, Vol. 14. No. 3, 1973, pp. 693 - 709.

设标准的明瑟（Mincer）人力资本模型为：

$$\ln W = X\beta + u \tag{6-9}$$

其中 $\ln W$ 表示月工资收入的对数；X 表示个人特征向量；β 表示系数向量；u 表示服从正态分布（零均值，同方差）的随机扰动项。

男女性平均收入差异可表示为：

$$\ln\tilde{W}_m - \ln\tilde{W}_f = \bar{X}_m'\hat{\beta}_m - \bar{X}_f'\hat{\beta}_f \tag{6-10}$$

其中 $\ln\tilde{W}_m$ 和 $\ln\tilde{W}_f$ 分别是男女收入几何平均的对数；$\bar{X}_m'$ 和 $\bar{X}_f'$ 分别是男女性个人特征的平均值向量；$\hat{\beta}_m$ 和 $\hat{\beta}_f$ 分别是男女性系数估计值。奥克萨克（Oaxaca）把（6-10）式表示为：

$$\ln\tilde{W}_m - \ln\tilde{W}_f = (\bar{X}_m' - \bar{X}_f')\hat{\beta}_m + \bar{X}_f'(\hat{\beta}_m - \hat{\beta}_f) \tag{6-11}$$

（6-11）式把男女性平均收入差异分解为两部分：一部分为可解释的（第一项），即由男女性之间个人特征差异或者由两者之间解释变量均值差异引起的。另一部分为不可解释的（第二项），即表示男女性在个人特征条件相同的情况下，女性受到的工资待遇上的不平等（这在男女各自收入方程中表现为系数的差异）。由于在无歧视的劳动力市场下，具有相同个人特征的男女性应具有相同的收入，因此用“收入歧视”表示由不可解释部分所引起的男女收入不平等。方程（6-11）中采用男性工资结构作为权数。

奥克萨克（Oaxaca）收入差异分解方法在实际中很容易应用，但这种方法存在“指数”（index number）问题。例如，当分别采用男女性工资结构作为权数时，得到的男女收入差异分解结果可能不唯一，甚至对采用何种权数非常敏感。为此，科顿（Cotton，1988）提出采用男女性工资收入方程系数的平均值作为权数会较好。他定义 $\hat{\beta}^* = f_m\hat{\beta}_m + f_f\hat{\beta}_f$，其中 f_m 和 f_f 分别是男女在劳动力市场中的比例。① 男女平均收入差异可分解为：

$$\ln\tilde{W}_m - \ln\tilde{W}_f = (\bar{X}_m' - \bar{X}_f')\hat{\beta}^* + [\bar{X}_m'(\hat{\beta}_m - \hat{\beta}^*) + \bar{X}_f'(\hat{\beta}^* - \hat{\beta}_f)] \tag{6-12}$$

① Cotton, J., "On the Decomposition of Wage Differentials", *The Review of Economics and Statistics*, Vol. 7, No. 2, 1988, pp. 236-243.

第一项表示为由男女个人特征值不同所带来的收入性别差异；第二项表示男性的收入优势，第三项表示女性的收入劣势，二、三项总和为由系数差异所带来的，即不可解释部分（“收入歧视”）。

纽曼克（Neumark，1988）认为应该同时考虑到在无歧视的劳动力市场下，男性工资的下降和女性工资的上升，为此他提出一种新的方法来计算 β^*，即首先分别回归男女收入方程，得到对数工资的拟合值，再合并拟合值进行回归，其回归系数即为 β^*。①

在接下来的分析中，我们试图探讨是个人特征或是职业的性别隔离还是“歧视”是非正规就业中收入性别差异的主要因素？我们假设在市场化比较高的非正规就业中，以性别隔离形式表现出来的性别歧视应该小，收入性别差异更多取决于劳动者的个人特征（主要是人力资本）。

三　非正规就业中的收入性别差异

为了更好地观察非正规就业中收入性别差异存在的原因和变化趋势，此处利用 CHNS 数据，通过 BGF 方法纠正了样本选择性偏差，逐年分析非正规就业收入方程，并利用纽曼克（Neumark）方法对收入性别差异进行了分解。

（一）工资方程中的性别效应

在第四章的描述性分析中，已经发现非正规就业中男女性之间具有较大的收入差异，并且这一收入差异有逐渐增大的趋势，但这可能是由多种因素造成的。用男女性平均收入的绝对差值来衡量收入分配方面的性别不平等状况，有可能会出现误导性的结论。男女非正规就业者平均收入之间的差异并非都是性别因素所引起的，很有可能是其他一些因素作用的结果。例如，男女受教育程度和工作经验上的差异会在工资水平上显现出来，特别是随着非正规就业在市场化进程中的拓展，人力资本回报率可能会逐步提高，但由于女性非正规就业者平均人力资本水平低于男性，因此会出现女性平均工资水平低于男性的现象。此外，正如在第四章中所分析的，非正规就业中存在的职业、行业性别隔离，会导致

① Neumark. D.，“Employers' Discriminatory Behavior and the Estimation of Wage Discrimination”, *Journal of Human Resources*, Vol. 23, 1988, pp. 279 – 295.

女性聚集于收入较低的职业。但已有文献提示我们，工资性别差异并不完全是由于人力资本的性别差异、职业行业的隔离造成的。如果人力资本和其他个人特征变量不能完全解释男女性的工资收入差异，则认为在劳动力市场中存在歧视。[①] 例如，如果雇主对女性劳动力在劳动供给上的评价较低，性别就有可能会成为预先假设工人劳动生产率高低的信号，或者雇主主观上具有歧视女性的倾向，都会使得劳动力市场中存在性别歧视。

为了把性别因素的作用与其他因素的作用分离开，从而更准确地测量非正规就业中存在的收入性别差异及收入分配中的性别不平等程度，此处仍旧采用明瑟工资方程，但在工资方程中加入了性别虚拟变量，其中男性为0，女性为1。同时保留其他控制变量，包括教育、工作经验、职业及其他相关变量。此时工资方程中性别系数的大小和统计显著性表明了在所有控制变量相同的情况下，男女非正规就业者是否仍旧存在收入差距。

表6-2列出了加入性别虚拟变量并考虑自选择偏差后非正规就业工资方程的估计结果。在回归结果中，选择项（m1，m2）显著，表明相比较于普通最小二乘法，BGF方法是非正规就业工资方程合适的估计方法，即确实存在样本选择性。

从表6-2中可以看到在控制一系列个人、家庭、职业和地区特征后，女性非正规就业者的月工资仍旧明显低于男性，1997年女性月工资比男性低11.6%，2000年这一数值为13.4%，2009年非正规就业中男女性的收入差距为17.2%。这表明即使在对男女人力资本差异、劳动力市场中存在的职业性别分割等因素加以控制后，男女非正规就业者之间仍旧存在较大收入差异。此外，非正规就业中的收入性别差距有增加的趋势，但这种趋势逐渐放缓。

此处工资方程中显示的收入性别差异要比在第四章中观测到的男女非正规就业者之间的水平收入差异要小，这表明男女性的教育水平、经验水平、职业等因素解释了非正规就业者的收入性别差异的一部分。

---

① 文献中对歧视的具体含义存在分歧，本书所指的歧视是一种广义的歧视，性别工资差异中所有不可解释的部分都被视为歧视。

表6-2 非正规就业者工资方程估计结果

年份	1997	2000	2004	2006	2009
女性	-0.116***	-0.134***	-0.164***	-0.157***	-0.172***
	(4.029)	(5.621)	(5.290)	(7.136)	(3.904)
工作经验	0.007*	0.009***	0.009**	0.010**	0.011*
	(1.754)	(3.003)	(2.784)	(2.175)	(1.706)
工作经验平方	-0.00015**	-0.0001	-0.0001***	-0.0002**	-0.0002**
	(2.313)	(1.029)	(4.972)	(2.291)	(2.387)
已婚	0.098	0.048	0.068	-0.008	0.202
	(0.085)	(0.098)	(0.094)	(0.101)	(0.161)
受教育年限	0.024**	0.029***	0.027****	0.039***	0.039***
	(2.025)	(3.721)	(5.116)	(4.515)	(4.023)
农村户籍	-0.053***	-0.060***	-0.045***	-0.037***	-0.031***
	(5.761)	(10.328)	(4.571)	(6.291)	(5.420)
控制地区	是	是	是	是	是
控制职业	是	是	是	是	是
选择项_ m1	-0.206***	-0.120**	-0.377**	-0.634**	1.690**
	(4.070)	(2.169)	(2.251)	(2.431)	(1.993)
选择项_ m2	-0.303***	-0.192***	-0.163***	0.235**	0.448*
	(3.102)	(3.753)	(5.056)	(2.117)	(1.742)
选择项_ m3	0.021	-0.025**	-0.375	0.608*	0.949
	(0.413)	(2.061)	(0.380)	(1.767)	(0.844)
常数项	6.650***	6.466***	6.888***	7.040***	7.004***
	(5.396)	(10.322)	(4.389)	(8.329)	(9.646)
拟和优度	0.213	0.198	0.239	0.302	0.254
样本数	609	613	634	706	796

注：括号内为t值。***：1%水平显著，**：5%水平显著，*：10%水平显著。

数据来源：作者根据1997—2009年CHNS数据计算而来。

（二）非正规就业中的收入性别差异分解

女性非正规就业者的平均收入水平低于男性，这是由于男女性生理差别及在社会中扮演的角色不同，导致男性和女性在劳动生产力上有差别。[①] 但是大量的经验研究表明，性别生产力，通常表现为教育水平和工作经验，只能解释工资性别差异的一小部分。在文献中，不能被教育和经验等变量所解释的工资性别差异被称为性别工资残差（residual wage gap）。贝克尔（Becker，1971）认为性别工资残差反映市场对女性的歧视。市场歧视不仅导致男女工资收入不平等，同时也造成要素配置失效。[②] 因此研究工资性别差异的大小对制定正确的劳动力市场公共政策具有重要意义。[③]

既然非正规就业中存在工资的性别差异，其中有来自人力资本差异的贡献，也存在着纯粹的歧视因素，那么哪些因素可以解释性别之间的工资差异，其中人力资本又扮演怎样的角色？工资性别差异在多大程度上是由歧视造成的？此处试图回答这些问题。

目前研究中国非正规就业中工资性别差距的文献比较少，尤其是基于微观数据的实证研究。在上一节利用 BGF 方法纠正样本选择偏差估计工资方程的基础上，此处对收入性别差异进行分解，并考虑指数基准问题，从而使分析的结果更加令人信服。此处不仅仅在某个横截面上对收入性别差异做分解，并使用 1997—2009 年共五年的数据进行时序分析，从而可以更加清楚地了解非正规就业中工资性别差距变化的动态趋势。在估计工资方程时，所使用的解释变量是受教育年限，工作经验、工作经验的平方，地区、户籍、职业虚拟变量。

表 6 - 3 给出了利用纽曼克（Neumark）方法得到的收入性别差异分解结果。表中第二行表示的是非正规就业中男女性收入的对数差，这个数值在逐年增大，表明男女性的平均收入水平差异在逐渐增大。将男女性收入的对数差看作 100，将收入水平差异分解为由特征差异所解释部

① Dong X. and Zhang L.，“Economic Transition and Gender Differentials in Wages and Productivity：Evidence from Chinese Manufacturing Enterprises”，*Journal of Development Economics*，Vol. 88，No. 1，2009，pp. 144 - 156.

② Becker，G. S.，*The Economics of Discrimination*，The University of Chicago Press，1971（Original edition，1957）.

③ 刘晓昀：《性别工资差异分析：平均工资差异分解》，载张莉琴、杜凤莲、董晓媛主编《社会性别与经济发展：经验研究方法》，中国社会科学出版社 2012 年版，第 123—129 页。

分（表中第三行）与由系数差异所带来的不可解释部分（表中最后一行）。括号内数值表示各个部分占男女性收入对数差的百分比。

表 6 - 3　　非正规就业中的收入性别差异分解

年份	1997	2000	2004	2006	2009
男女非正规就业者收入对数差	0.179(100)	0.199(100)	0.235(100)	0.244(100)	0.255(100)
特征差异所解释的部分	0.083(46.51)	0.085(42.73)	0.105(44.68)	0.115(47.05)	0.141(55.26)
其中:受教育年限	0.027(15.24)	0.031(14.67)	0.041(17.45)	0.044(17.93)	0.049(19.15)
工作经验	0.024(13.38)	0.027(13.61)	0.039(16.59)	0.037(15.17)	0.045(17.76)
婚姻状况	0.006(3.51)	0.005(2.35)	0.003(1.28)	0.005(2.06)	0.011(4.23)
家庭特征	0.0009(4.94)	0.001(0.43)	0.002(0.85)	0.002(0.89)	0.008(3.20)
户籍	-0.0005(-0.28)	0.003(1.28)	0.003(1.28)	0.003(1.09)	0.003(1.17)
职业	0.010(5.78)	0.014(6.93)	0.010(4.25)	0.014(5.62)	0.016(6.19)
地区	0.007(3.94)	0.007(3.46)	0.007(2.98)	0.010(4.29)	0.009(3.56)
系数差异带来的不可解释部分	0.095(53.49)	0.114(57.27)	0.130(55.32)	0.129(52.95)	0.114(44.74)

数据来源：作者根据 1997—2009 年 CHNS 数据计算而来。

通过表 6 - 3，可以发现以下几点：

（1）非正规就业中工资性别差异可解释部分所占的比例有上升的趋势，1997 年为 46.51%，2009 年为 55.26%。这表明男女非正规就业者之间的月工资收入差异一大部分可以由就业者的个人人力资本禀赋程度及其个人、家庭特征等因素所解释。

（2）非正规就业者工资性别差异中最重要的影响因素是受教育程度的差异，受教育年限的差异对男女非正规就业者工资收入差距的贡献分别从 1997 年的 15.24% 上升至 2009 年的 19.15%。这表明政府大力发展基础教育事业，提升女性平均受教育水平，将有助于抑制男性和女性之间的就业差异和工资差异的持续扩大。特别是随着教育回报率不断提高，教育对个体就业的作用不断增大（对女性尤为明显）。反映人力资本水平的工作经验是男女非正规就业者工资收入差距的第二大贡献因素。1997—2009 年所占比例分别为 13.38%、13.61%、16.59%、15.17%、17.76%，略有上升的趋势。受教育年限和工作经验所占比例之和在 30% 左右。这表明加强对女性非正规就业者的在岗培训，有助于降低非正规就业中的收入性别差异。男女非正规就业者职业分布的不同，也会对男女收入差异带来影响。1997 年这一影响为 5.78%，2009 年为 6.19%。同时，户口、婚姻、家庭、地区特征不同都会对男女收入差异带来影响。

（3）由回归系数差别所造成的不可解释部分的贡献，常被视为歧视程度，1997 年为 53.49%，2009 年为 44.74%。说明在同等条件下，女性在非正规就业中受到与男性不同的对待，回报偏低，所以工资较男性低。这表明在中国非正规就业劳动力市场中，工资性别差异的扩大在很大程度上是由性别歧视造成的，非正规就业内部存在同工不同酬的现象，但这种歧视随着时间有逐渐缩小的趋势。因此要缩小男性和女性的工资差异，既要提高女性非正规就业者的教育程度，加大职业培训，也要有相应的法律法规保障女性在非正规就业内部同工同酬的权力。

（4）在上述分析中，虽然考虑了职业分布对男女非正规就业者收入差异的影响，但由于受到样本容量的限制，此处没有考虑职业选择对收入性别差异的影响。女性的人力资本储蓄水平、生理条件、行业与职业类型的偏好会使得女性与男性分布在不同的职业、行业中，特别是对女性的歧视等因素可能会使男女性明显地分布于不同的行业、职业中。但已有的一些研究多数表明职业内歧视较之职业间歧视对工资性别差异的影响更大。王美艳（2005）考虑了职业分割对工资性别差异的影响，分解结果表明，职业类型内不可解释部分的贡献（86.91%）远大于由于职业类型不同而带来的工资差异的贡献（6.14%）。[①] 葛玉好（2007）的研究结果也证明 1988—2001 年间，除了某些年份（1992—1996 年）外，职业类型选择对工资性别差异的影响并不大，即使最大的影响程度

① 王美艳：《中国城市劳动力市场上的性别工资差异》，《经济研究》2005 年第 12 期。

也不会超过20%。[①] 但上述结论是否对非正规就业人群依旧成立，值得进一步研究。

本章小结

收入是衡量劳动力市场机会平等的一个重要指标，已有的研究表明女性非正规就业者的收入处于劳动力市场的最底端。本章试图对女性非正规就业者收入水平的影响因素进行探讨。

工资的性别差异是非正规就业中存在的重要性别差异现象之一。导致工资性别差异的原因比较复杂，已有研究从人力资本、劳动力市场分割、歧视理论等方面进行了解释。其中不是由于教育程度、经验等可观测的人力资本等特征所造成的工资性别差异，常常被视为是不可解释的，也被称为性别工资歧视。非正规就业中存在的性别歧视反映了对女性劳动的不公正对待，性别工资歧视的大小也可以反映社会中的性别歧视大小。经验研究中经常用对平均工资差异进行分解的方法来衡量性别工资歧视的大小。本章的主要结论如下：

（1）人力资本水平对女性非正规就业者的收入具有显著正影响。这表明提高女性非正规就业者的教育水平，特别是加大职业培训会对提高女性收入水平产生积极影响。一些制度性因素，如拥有城市户籍会提高女性非正规就业者的收入水平，但这种影响在逐渐减弱。

（2）即使在控制一系列个人、家庭、职业、非正规就业类型和地区特征后，女性非正规就业者的月工资仍旧明显低于男性非正规就业者。非正规就业中的收入性别差距有增加的趋势，但这种趋势逐渐放缓。

（3）借助收入差异分解方法，发现教育、经验等特征对工资性别差异的形成起到了一定作用，教育年限和工作经验的影响对工资性别差异的解释所占比例之和在30%左右。但是工资性别歧视的贡献仍非常显著，即非正规就业内部存在男女同工不同酬的现象，虽然这种影响有逐步减小的趋势。

目前中国女性就业存在非正规化的趋势，但即使在学历、工作经验

---

① 葛玉好：《部门选择对工资性别差异的影响》，《经济学（季刊）》2007年第1期。

等其他特征完全相同的情形下，男性收入依然高于女性，非正规劳动力市场中较低的人力资本投资回报率势必打击女性（特别是农村户籍女性）投资人力资本的积极性，而较低的人力资本反过来又会对女性就业抉择、收入水平产生影响，由此产生的恶性循环不利于女性经济地位的提高。

第七章　女性非正规就业者社会保障影响因素分析

非正规就业在我国得到了快速发展，为社会经济发展做出了重大贡献。但是受原有社会保障体制以及城乡二元体制和户籍制度的影响，非正规就业者权益未能得到很好的保护。在第四章的描述性分析中，我们关注到非正规就业者的社会保险参与率是比较低的，并且不同类型非正规就业者的社会保障行为存在差异。从社会保障的初衷来看，社会保障很大程度上是对弱势群体的一种承诺和保护，如果不能将这部分相对处于弱势地位的非正规就业者纳入社会保障体系之中，不仅不利于维护社会公正，也会给社会稳定和经济发展带来严重威胁，其本身也就违背了社会保障的初衷。

在前面的分析中，我们发现女性就业非正规化的趋势非常明显，即女性更易从事非正规就业，因此非正规就业群体社会保障的缺失使得女性在社会中更处于不利地位。而劳动力市场分割的存在，使得男女两性聚集于不同的职业、行业和非正规就业类型中，男女性的社会保障差异进一步扩大。此外，社会分工、社会环境等因素，都会导致男女两性在社会保障行为上存在性别差异。非正规就业者社会保障中存在的性别差异会在一定程度上扩大性别差距，加剧性别不平等趋势。女性越来越多地聚集于非正规就业领域，使得女性的社会保障水平低于男性，而女性的低社会保障水平又将迫使其更多地形成对男性和家庭的依赖，这不仅对女性发展，同样对男性和社会的发展都会产生负面影响。

那么是什么因素影响和制约了女性非正规就业者能否拥有社会保障？社会保障参与行为上是否存在性别差异？本章试图对上述两个问题展开研究。

需要说明的是，本章所指的非正规就业者社会保障，是指非正规就业者与城市就业有密切关联的养老、医疗等社会保险。并且此处只对非正规就业者养老保险、医疗保险的影响因素进行实证分析。①

第一节　制约及影响非正规就业者参加社会保险的因素

影响非正规就业者参加社会保障的因素是多种多样的，并且这些因素的地位和所起的作用并不相同，需要区别分析和对待。总体上看，影响非正规就业者社会保障的因素可以分为两类，即制度性因素和非制度性因素。

制度性因素主要是指关于非正规就业者社会保障的法律规定和制度设计；非制度性因素则是除此之外的其他影响因素，包括非正规就业者的性别、年龄、收入、职业、非正规就业类型等。由制度性因素造成的对非正规就业者享有社会保障的制约，必须通过制度创新来解决；而由非制度性因素导致对非正规就业者参加社会保障的制约，则需要通过加强执法、改变观念等途径来解决。

一　影响非正规就业者参加社会保险的制度性因素

现行社会保障的实行通常需要有稳定的劳动关系。从逻辑关系上讲通常是先有就业关系，而后有劳动关系和收入分配，进而有社会保险关系。由此从就业基础上派生出劳动力市场、劳动标准、劳动法制、社会保障等各项内容，这些内容均围绕就业而展开。② 非正规就业中劳动关系的不稳定性、短期性、季节性、临时性决定了劳动者的收入不稳定且缺乏长期性。随着中国非正规就业规模不断发展扩大，规模越来越庞大的非正规就业人员仍旧缺乏基本社会保障制度的保护。

（一）非正规就业人群社会保障的法律规定

为解决非正规就业群体的社会保障问题，扩大社会保障覆盖面，国家先后出台了一系列相关政策。有关非正规就业群体的养老、医疗保险

---

① 非正规就业者参与工伤、失业、生育保险比例非常低，进行实证分析的意义不大。故多数对非正规就业人群的社会保障研究只针对养老、医疗保险展开。

② 王东进：《完善劳动社会保障制度，促进灵活就业健康发展》，《中国劳动》2003 年第 11 期。

政策从无到有，逐步走向统一。①

2001年劳动和社会保障部下发《关于完善城镇职工基本养老保险政策有关问题的通知》，旨在促进非正规就业者参加养老保险。通知中对城镇个体工商户等自谋职业者以及采取各种灵活方式就业的人员明确了养老保险政策。只要非正规就业者按照各省规定的缴费基数和缴费比例参加养老保险，在达到法定退休年龄时可以按照规定领取社会养老保险金（缴费满15年）。对于下岗失业人员，只要其自谋职业也可按照个体工商户的参保办法参加社会养老保险。

2005年国务院发布文件《关于完善企业职工基本养老保险制度的决定》，明确我国要将社会养老保险体系覆盖到全部城镇劳动者，由此包括个体工商户、自营职业者在内的广大非正规就业人员将逐步被社会养老保险体系所覆盖。该决定明确了要统一城镇个体工商户和灵活就业人员参保缴费政策，落实社会保险补贴政策，以非公有制企业、城镇个体工商户和灵活就业人员参保为重点，逐步扩大社会基本养老保险覆盖范围。

2009年9月1日国务院正式颁布《开展新型农村社会养老保险指导意见》，新农保制度由此诞生。新型农村社会养老保险实行个人缴费、集体补助和政府补贴相结合。各地政府可根据实际情况，将新型农村社会养老保险和城镇居民社会养老保险合并实施，这为收入普遍较低的非正规就业群体多提供了一份选择，然而城乡居民养老保险保障水平普遍较低，这在一定程度上影响了基本养老保险的扩面征缴，并为今后的转接、合并带来了一些新问题。

2009年底，国务院颁布了《城镇企业职工基本养老保险关系转移接续暂行办法》，所有参加城镇企业职工基本养老保险的人员，其基本养老保险关系可在跨省就业时随同转移。暂行办法的出台为包括农民工在内的非正规就业流动人口实现其养老保险关系的接续转移提供了有力的政策支持。

在医疗保险方面，劳动保障部2003年5月下发《关于城镇灵活就业人员参加基本医疗保险的指导意见规定》，将非正规就业人员纳入医保范围，明确了缴费标准。允许灵活就业人员，以个人身份缴费参保

---

① 何平、华迎放等：《非正规就业群体社会保障问题研究》，中国劳动社会保障出版社2008年版，第5页。

等。各地按劳动和社会保障部意见对灵活就业人员参加医疗保险作出了安排，多数省份鼓励灵活就业人员参加医疗保险，但也有省份要求参保的灵活就业人员具有本省户籍。2003 年国务院办公厅转发卫生部等部门《关于建立新型农村合作医疗制度意见的通知》，2007 年国务院发布《关于开展城镇居民基本医疗保险试点的指导意见》，至此城镇职工医保、新型农村合作医疗和城镇居民医保成为我国覆盖城乡全体居民基本医疗保障体系的三大支柱。

2011 年 7 月 1 日我国正式实施了最新《社会保险法》，再一次明确了非正规就业人员如何参加养老、医疗保险。无雇工的个体工商户、未在用人单位参加基本养老保险的非全日制从业人员以及其他灵活就业人员可以参加基本养老保险、职工基本医疗保险，并按照国家规定缴纳基本养老保险费、基本医疗保险费。至此，非正规就业者在政策层面已基本被纳入养老保险政策体系、居民基本医疗保障的覆盖范围中。

（二）非正规就业人群社会保障制度的缺陷与不足

非正规就业的重要特征是其经济活动没有记录，就业和收入不稳定，而正规的社会保障需要以就业和连续缴费为前提，因此从世界范围内看，为非正规就业者提供社会保障都是一个难题。从前面分析可以看到，近年来我国政府逐步完善社会保障制度，力图把包括非正规就业者在内的社会弱势群体纳入社会保障体系当中，但这一政策的实施效果与政策设计目标之间存在着相当大的差距。主要表现在：

1. 社会保险各项目在缴费年限、缴费基数、缴费办法和待遇享受等方面不适应非正规就业多样化的特点和多层次的需要，难以支持非正规就业人员参保。

目前的社会保障主要针对正规部门的劳动者设计，缴费办法、缴费年限、待遇享受等方面依据正规就业情况设计，参保门槛过高，与非正规就业灵活的用工形式和收入水平普遍偏低不适应。非正规就业人员的类型比较复杂，对于雇主、个体经营者、家庭帮工等类型的非正规就业者，虽然《社会保险法》对非正规就业人员参加社会基本养老、医疗保险做了明确规定，在法律上保障了非正规就业人员享有参加基本养老保险、医疗保险的权益，消除了个别地方参保要求有本地户口、非农户口等诸多条件的限制。但现行城镇社会保险制度费率过高，使得非正规就业者很难进入。对于非正规就业中的雇员而言，他们多集中于建筑、餐饮、服装等劳动密集型行业，企业为节省用工成本，不愿为非正规就业人员缴纳社会保险费，导致逃避参保现象严重。

2. 各地的非正规就业社会保障制度不够统一，非正规就业人群的社会保障政策仍然是一种缺乏统一性、可转移性的制度模式。

按2005年国务院38号文件的要求，各省对灵活就业人员参加社会养老保险先后制定、修改了一系列具体规定。但各地在参保缴费率、参保缴费基数、参保缴费补贴、给付年限、给付办法等方面的政策法规都不尽相同。在医疗保险方面，全国多数省份均鼓励本行政区域范围内达到法定年龄、有劳动能力的非正规就业人员凭借身份证明等即可参加医疗保险，但是北京、上海、浙江、江苏、重庆等少数几个省市在准入门槛上却设定了户籍限制，要求必须具有本行政区域户口才可参保。在缴费基数方面，全国多数省份的缴费基数为本行政区域内上一年度社会平均工资，上海、湖北等地则根据本市上年度职工平均工资的60%—300%内确定缴费基数。在缴费比例上各地也不尽相同，如北京要求个体工商户、雇主按6%缴纳、雇员按1%缴纳，浙江按照当地基本医疗保险统筹基金的筹资水平确定，河北、海南、重庆等地按5.5%—6%的缴费比例，沈阳按6.8%的比例缴费。由此虽然中央对非正规就业人群社会保障有指导性意见，但各地政策极为不统一，对于非正规就业人员，特别是其中的流动人口，其流动的频繁性会使得社会保障系统更为复杂和烦琐，从而直接加大社会保障的计算难度。此外，各地区做法不一样，彼此之间存在不协调甚至冲突的情况也就不可避免，这些都会阻碍非正规就业人员参与社会保险。

3. 城镇劳动者和农民工之间存在分割。

同样属于非正规就业者，户籍的不同使得其享有的社会保障有很大不同，使得农民工的权益受损。由于进城农民工规模日益庞大，其社会保障问题越来越突出，而相关法律法规对进城农民工的社会保障又缺乏具体规定，所以各地纷纷结合本地实际，对进城农民工的社会保障进行探索和尝试，形成了多种多样的进城农民工社会保障制度模式，如综保模式、城保模式、双低模式等。① 但各种模式都存在着各种各样的不

① 高文书：《进城农民工社会保障的影响因素研究》，《市场与人口分析》2007年第5期。

足，如费率较高，用人单位和农民工难以接受；转移困难，难以适应农民频繁流动转移和接续社会保险关系的需要等。更有学者批判国家颁布的《城镇企业职工基本养老保险关系转移接续暂行办法》并没有把农民工从社会保障的制度陷阱和不公平陷阱以及低水平陷阱中解脱出来，反而又让其陷入了社会保障的流动陷阱和踢皮球陷阱。①

4. 社会保险管理方式粗放。

社会保险机构受编制、经费的制约，信息化建设相对滞后，解决个案问题的能力较弱，很难针对非正规就业人员收入、工作不稳定的特点满足社会保险关系管理精细化、动态灵活的要求。此外，劳动保障部门对非正规就业人员参保缺乏必要的约束措施，很多地区对非正规就业人员参保宣传力度不够，非正规就业人员在如何参保、参保后享受何种待遇及与商业保险的区别等方面都不甚清楚，部分非正规就业人员对政策存在疑虑，认识上存在误区。

二　影响非正规就业者参加社会保险的非制度性因素

由于我国社会保障制度设计的不足，不能很好地根据非正规就业者的自身特点提供相应的社会保障体系，各地区针对非正规就业人员的社会保障政策多种多样，因此制度性因素是影响非正规就业者能否拥有社会保障的根本因素。

然而，社会保障政策虽然是由政府负责设计并组织安排，但从本质上社会保障是一种个人层面的、积极的社会经济权利。在中央文件和地方政策频频出台、非正规就业者参保水平却依然较低的情况下，我们有必要回到非正规就业者个人禀赋和政策需求，借此发现非正规就业者实际参与养老保险、医疗保险的特点和规律，由此可以对现有政策加以修改和完善，使之符合非正规就业人群的个人特征和政策需求。在现实生活中，我们可以观察到即使是在同一社会保障制度下，非正规就业者参加社会保障的情况仍存在显著差异。这意味着一些非制度性因素也是影响非正规就业者能否拥有社会保障的重要因素。这些可能的影响因素包括：

---

① 黄匡时、嘎日达：《流动人口的社会保障陷阱和社会保障的流动陷阱》，《西部论坛》2011 年第 11 期。

非正规就业者的收入。收入偏低是非正规就业者的典型特征之一，而女性非正规就业者的收入就更为低下。对非正规就业女性群体而言，她们的缴费能力基本上依赖于个人的就业收入，可支配资源的匮乏会限制她们参加社会保险的能力。

人力资本水平。非正规就业者受教育程度越高，工作经验越丰富，相对来说所从事的工作待遇会更好，会更有经济实力参加社会保险。同时他们对社会保障方面相关知识的了解会比受教育程度低的非正规就业者更为深入和全面，会更加重视社会保障的地位和作用。

行业、单位类型、非正规就业类型。非正规就业者是否参与社会保险可能与其所在行业、非正规就业类型有关。一些学者对行业类型与进城农民工参加社会保险之间的关系进行了研究，但没有发现不同行业、不同性质单位对进城农民工参加社会保险的可能性有统计上显著的影响。[①]

社会保障认知水平。非正规就业者对社会保障认识不足、缺乏参保意识、关注度不够也是导致非正规就业者社会保险参与率较低的原因之一。大多数非正规就业者对养老保险、医疗保险等政策不太了解，特别是在现有社会保障政策比较复杂的情况下。一部分非正规就业者还没有体会到社会保险的重要性，他们更看重现金收入。出于传统社会习惯的影响，对于养老和医疗等保障习惯于依靠自己或家庭的力量，参保意愿较低。

关于非正规就业人群社会保障的实施与完善，目前还存在很多问题，关于这方面的专门研究（郑功成，2007；黄匡时、嘎日达，2011；华迎放，2009）也很多，本章在此并不加以更多讨论。本章的目的在于，根据前面非正规就业者社会保障影响因素的制度、非制度性因素分析，试图利用计量经济模型分析：在现有社会保障制度既定的情况下，影响女性非正规就业者参加社会保险的因素有哪些？当对劳动者的个人、家庭等因素加以控制时，非正规就业者社会保险参与率是否存在性别差异？如果有，哪些因素决定了这种性别差异？

一些学者对非正规就业中社会保障的影响因素进行了研究，但这些

---

① 高文书：《进城农民工社会保障的影响因素研究》，《市场与人口分析》2007 年第 5 期。

研究也存在一些不足。首先，很多研究基本上将非正规就业者作为一个同质性整体来看待，没有考虑到不同类型的非正规就业者在社会保障需求和行为上是存在很大差异的，雇员、雇主、个体经营者、家庭帮工各类非正规者应分别加以区分。其次，由于存在劳动力市场的行业、职业隔离，在考虑社会保障时应对不同行业、职业加以控制。再次，对于社会保障的研究多是从宏观层面出发的，多研究制度性因素对非正规就业者社会保障的制约。而从年龄、收入、工作年限和受教育程度等微观角度对社会保障进行的研究并不多，特别是从性别角度进行研究的就更为少见。最后，很多研究基本都是定性描述，缺乏定量研究。在仅有的一些定量研究中，也多是对数据的统计描述，缺乏必要的实证分析。

接下来本章试图从微观角度对女性非正规就业者社会保障的影响因素进行分析，并着重分析性别特征的影响以说明非正规就业者在社会保障中的性别差异。由于这方面的讨论并不多，因此本章的讨论试图起到抛砖引玉的作用，另一方面也是提供一个研究视角。

第二节　女性非正规就业者社会保障影响因素实证分析

一　研究假设

假设前提1：非正规就业人员具有有限理性行为。

非正规就业人员的行为是“理性”的，即他们总是在追求自身效用最大化，在经济贫困的条件下生存是第一偏好。这表现在中国现有社会保障制度安排面前，非正规就业者并非单纯的被动主体，而是具有主观认识能力，能够根据自身所处的环境和信息的不对称，在情境制约下作出有限理性选择，选择是否参保及如何参保，即非正规就业者有自己的逻辑，目前没有选择参保，也许是一种“理性”行为。

假设前提2：非正规就业人员是风险的规避者，男女性在风险规避上无性别差异。

二　影响因素实证分析

此处采用的数据为计生委2010年流动人口与户籍人口对比监测抽样调查数据的混合样本，选取女性非正规就业人群作为研究对象。因变量为是否参加养老（医疗）保险，根据前面对非正规就业者参加社会保险的制度性、非制度性影响因素分析选取解释变量，包括个人特征、就业特征、地区特征等三个方面。

在个人特征中包括受教育年限、年龄、收入、户籍特征。非正规就业中，按户籍可以划分为三大人群：本地城市户籍，外地城市户籍、农村户籍。由于本地户籍非正规就业者多为下岗职工，能够受到城镇养老、医疗的保障，而农民工在就业城市很难得到社会保障。因此户籍特征是影响女性非正规就业者能否拥有社会保障的重要影响因素之一。为此引入两个虚拟变量表示三大人群。

就业特征，根据非正规就业者所在行业、职业、非正规就业类型，引入虚拟变量。

地区特征。由于社会保障政策的不统一性，不同城市的非正规就业者参加社会保险的可能性存在差别，使用不同城市虚拟变量作为社会政策特征的代理变量。

从回归结果（表7－1）我们可以看到，是否拥有本地户籍是非正规就业者能否拥有养老和医疗保险的最重要因素。以非本地城市户籍的非正规就业者为基准，在其他条件都不变的情况下，拥有本地户籍的女性非正规就业者拥有养老和医疗保险的可能性要比之高29.3%和21%；而相比之下，农村户籍女性非正规就业者拥有养老与医疗保险的可能性要比之低14.5%和8.7%，并且这种差异在统计上是高度显著的。由此说明户籍制度及其影响是非正规就业流动人口拥有各项社会保险比例较低的制度性障碍和主要根源。由于没有城市户口，流动人口与市民身份不同，法律地位不同，不能享受与市民相同的社会保障待遇。户籍制度的限制使流动人口，特别是农村户籍女性在就业时缺乏社会保障，即使这些女性在城市中能够及时就业，由于能否拥有社会保障要与户籍身份挂钩，由此不能平等地享受包括养老、医疗保险在内的城市社会保障待遇。

女性非正规就业者受教育程度越高，会增加其拥有养老和医疗保险的可能性。受教育程度越高的非正规就业者越可能从事待遇相对较好、较为稳定的工作，也更有可能参加社会保险。此外，他们对于社会保障方面的相关知识比受教育程度低的非正规就业者更为了解，更加重视社会保障的地位和作用，也更有经济实力参加社会保险。

工资变量前的系数为正且统计上高度显著，表明收入对女性非正规就业者是否拥有养老和医疗保险为正效应。女性非正规就业者月收入每增加 1000 元，参加养老和医疗保险的可能性分别增加 2.1% 和 2.4%。这说明提高女性收入可以增加其参加社会保险的可能性，但这种影响并不像预想的那么大。

表 7-1　　**女性非正规就业者拥有养老、医疗保险的逻辑斯特（logit）模型边际效应估计结果**

	养老保险		医疗保险	
	系数	t 值	系数	t 值
农村户籍	-0.145***	-8.251	-0.087***	2.373
本地城市户籍	0.293***	15.712	0.210***	36.899
雇主	0.032***	-2.387	0.037***	-4.573
个体经营	0.012	-0.782	0.025	1.310
家庭帮工	-0.035***	-4.771	-0.017***	-7.819
受教育年限	0.012**	-3.678	0.008**	-2.037
年龄	0.001	-1.025	0.001	-1.065
工资（千元）	0.021***	-7.521	0.024**	-4.573
苏州	0.091***	-5.504	0.053***	-4.730
郑州	-0.062*	-5.579	-0.071***	-12.791
中山	0.062**	-7.634	0.033***	-10.223
成都	-0.059**	-7.582	0.078***	-14.467
韩城	0.044* -	3.871	0.046	-0.823
控制行业	是		是	
控制职业	是		是	
常数	-0.348***	-10.37	-0.231***	3.183
样本容量	1007		1007	
adj. R-sq	0.257		0.289	

注：***：1%水平显著，**：5% 水平显著，*：10% 水平显著。

数据来源：作者根据计生委 2010 年流动人口与户籍人口对比监测抽样调查数据计算而来。

年龄越大，拥有社会保障的可能性越高，但在统计上并不显著。这也表明了随着经济的发展，任何一个年龄段的人都越发注重社会保障程度，社会保障认知程度与年龄的关系已经并不明显。

总体上看职业和行业（系数较多，回归结果未列出）对女性非正规就业者是否拥有社会保险没有显著影响，这表明无论女性非正规就业者在何种行业就业，从事何等职业，其社会保险状况并不存在明显的差异。但不同非正规就业类型对女性是否拥有社会保险有显著影响。在同等条件下，与雇员相比，雇主拥有养老、医疗保险的可能性分别比之高3.2%和3.7%，并且在统计上高度显著。女性个体经营者拥有养老、医疗保险的可能性也比雇员分别高1.2%和2.5%，但在统计上并不显著。在同等条件下，家庭帮工拥有养老、医疗保险的概率是最低的，比雇员低3.5%和1.7%，并且在统计上高度显著。

不同城市中非正规就业者拥有养老和医疗保险可能性存在很大差别。在北京、苏州、韩城、中山、成都、郑州六个城市中，苏州的女性非正规就业者拥有养老、医疗保险的可能性最高，而郑州最低。这表明经济发展水平和不同城市对非正规就业人员的社会保障政策会对女性非正规就业者能否拥有养老和医疗保险产生很大影响。

三　性别差异实证分析

前面对女性非正规就业社会保险的影响因素进行了分析，那么在相同的条件下，男女两性非正规就业者的社会保险参与行为是否存在差异呢？为此仍然使用逻辑斯特（logit）模型，但在模型中引入性别虚拟变量，采用的数据为2010年流动人口与户籍人口对比监测抽样调查数据的男女混合总样本，得到以下回归结果，见表7-2。模型一与模型二的区别在于是否对非正规就业者的就业类型、行业与职业加以控制。

从回归结果中，我们发现当对非正规就业者的就业类型、行业、职业不加以控制时，在同样的条件下，女性拥有养老保险的可能性比男性低5.2%，拥有医疗保险的可能性比男性低8.4%。但当我们控制了非正规就业者的就业类型、行业、职业后，男女两性之间拥有养老和医疗保险的差异大大缩小，此时女性拥有养老保险的可能性只比男性低2.4%，但这种差异在统计上不显著。男女两性拥有医疗保险的可能性差异也下降到了6.1%。这说明非正规就业者社会保障中的性别差异主要来自于非正规就业劳动力市场中存在的行业和职业的性别隔离。由于男女两性在非正规就业市场各自集中于某些特定的行业和职业，使得男性更多处于非正规就业金字塔的上层，而女性更多处于非正规就业金字塔的底层，女性更多地从事社区服务、餐饮服务等“女性行业”，这些行业通常收入较低。可支配资源的匮乏限制了她们参加社会保险的能力。男性医疗保险参与率显著高于女性。对此可能的解释是：男性非正规就业者多集中于建筑、交通运输等行业，所从事工作的危险度和劳动强度均高于女性，从而被医疗保险覆盖的概率较高；或是由于女性的劳动生产率较低，从事的工作具有较高的可替代性，这类工人的离职给企业带来的成本小于企业为其参保的成本。此外，由于男性通常是家庭中的主要经济来源和保障，在家庭预算约束既定的情况下，男性参加医疗保险的可能性也会高于女性。女性非正规就业者缺乏医疗保障，一方面阻碍了女性公平地获得医疗资源，另一方面又增加了女性自身的医疗负担，使她们更易陷入疾病的打击中，加剧了女性非正规就业者在社会中的不利地位。

无论是否对就业类型、行业与职业加以控制，拥有本地城市户籍是非正规就业者能否拥有养老和医疗保险的最重要因素，这与前面对女性非正规就业者拥有养老医疗保险的逻辑斯特模型结果是一致的。拥有外地城市户籍也会提高非正规就业者拥有社会保险的可能性，由此农村户籍女性拥有社会保险的可能性最低。

由于户籍对非正规就业者是否拥有社会保险具有重要影响，下面特别对农村户籍非正规就业者社会保障中的性别差异进行分析。

表 7 - 3 列出了利用 2011 年计生委流动人口动态监测抽样调查数据得到的农村户籍非正规就业者拥有养老、医疗保险模型的回归结果。针对流动人口的特点，在回归模型中增加了流动时间、流动类型（省内跨市流动、市内跨县流动、跨省流动）虚拟变量、是否接受过培训虚拟变量。

女性虚拟变量前的系数为负，表明在同等条件下，女性非正规就业者拥有养老、医疗保险的可能性分别比男性低 3.5% 和 6.8%。如果与表 7 - 2 结果进行对比，发现农村户籍非正规就业者中参加社会保险可能性的性别差异比整个非正规就业人群中的性别差异要大，这说明农民工中社会保障参与行为上存在较大的性别差异，女性农民工的保障程度最低。

表7-2　非正规就业者拥有养老、医疗保险的逻辑斯特（logit）模型边际效应估计结果

	养老保险		医疗保险	
	模型一	模型二	模型一	模型二
女性	-0.052***	-0.024	-0.084***	-0.061***
	(3.31)	(1.50)	(5.54)	(3.94)
本地城市户籍	0.286***	0.278***	0.262***	0.254***
	(21.301)	(20.275)	(32.942)	(32.028)
农村户籍	-0.121***	-0.109***	-0.067***	-0.059***
	(-10.543)	(-8.252)	(-4.108)	(-3.757)
雇主		0.0405***		0.0468***
		(2.382)		(3.664)
个体经营		0.0220**		0.0241**
		(2.572)		(0.655)
家庭帮工		-0.019***		-0.001***
		(-8.352)		(10.012)
受教育年限	0.015***	0.010***	0.017***	0.009**
	(4.412)	(2.983)	(5.327)	(2.081)
年龄	0.002*	0.002*	0.0003	0.0004
	(1.723)	(1.798)	(0.397)	(0.414)
工资（千元）	0.020***	0.014***	0.062**	0.038**
	(3.047)	(3.365)	(2.093)	(1.984)
控制地区	是	是	是	是
控制行业	否	是	否	是
控制职业	否	是	否	是
常数	0.143***	-0.139***	0.0272***	-0.0409***
	(11.981)	(-11.004)	(5.339)	(-7.318)
样本容量	2424	2424	2424	2424
adj. R-sq	0.213	0.224	0.202	0.254

注：括号内为t值，***：1%水平显著，**：5%水平显著，*：10%水平显著。

数据来源：作者根据计生委2010年流动人口与户籍人口对比监测抽样调查数据计算而来。

相比较跨省流动，省内流动和市内跨县流动会加大非正规就业者拥

有社会保障的可能性。这表明制度性因素是影响劳动者能否拥有社会保障的重要因素。

表 7-3　**农民工拥有养老、医疗保险的逻辑斯特（logit）模型边际效应估计结果**

	养老保险		医疗保险	
	系数	t 值	系数	t 值
女性	-0.035***	3.901	-0.068**	41.032
受教育年限	0.007***	19.603	0.006***	13.837
已婚	0.015*	2.527	0.006	-0.501
年龄	0.0001	0.851	0.0003	-1.258
流动时间（年）	0.0008***	11.269	0.0009***	5.376
本工作时间（年）	0.0007***	3.943	0.0009**	3.012
省内跨市流动	0.018***	8.032	0.017***	6.115
市内跨县流动	0.015***	5.58	0.005	1.574
家庭收入（千元）[a]	0.016***	10.175	0.015***	7.592
接受过培训	0.014***	6.189	0.031***	10.731
其他控制变量	是		是	
常数	0.203***	8.637	0.291***	9.886
样本容量	61428		61428	
adj. R-sq	0.179		0.160	

注：其他控制变量为：职业、行业、非正规就业类型及地区变量。

***：1%水平显著，**：5% 水平显著，*：10% 水平显著。

a 在计生委 2011 年流动人口动态监测抽样调查数据中，除去非正规就业雇员之外，没有工资数据。此处采用家庭收入作为解释变量。

数据来源：作者根据计生委 2011 年流动人口动态监测抽样调查数据计算而得。

流动的时间越长，从事本工作的时间越长，收入越高，都会加大非正规就业者拥有社会保障的可能性。教育程度越高，越倾向于参加社会保险。如果非正规就业人员接受过培训，会加大其参加社会保险的可能性。

本章小结

在第四章的描述性分析中发现女性非正规就业者的社会保障程度比较低，本章试图探讨是什么因素影响和制约了女性非正规就业者参加社会保障？非正规就业者的社会保障参与是否存在性别差异？利用计生委2010年流动人口与户籍人口对比监测抽样调查数据、2011年流动人口动态监测抽样调查数据，从覆盖率较大的养老保险和医疗保险两部分出发，采用逻辑斯特（logit）模型对上述问题进行了研究。本章的主要结论如下：

（1）影响女性非正规就业者参加社会保险的因素可以分为制度性因素和非制度性因素。通过实证分析，发现户籍制度是影响女性非正规就业者参加养老和医疗保险的最重要因素。由于女性农民工既没有本地户籍，也没有城市户籍，导致其社会保险参与程度最低。不同城市中女性非正规就业者拥有养老和医疗保险的可能性存在很大差别，表明经济发展水平和不同城市的社会保障政策会对非正规就业人员是否拥有养老和医疗保险产生很大影响。即使是在同一社会保障制度下，女性非正规就业者参加社会保障的情况仍存在显著个体差异。这意味着，一些非制度性因素，如年龄、收入、职业、非正规就业类型等也是影响女性非正规就业者拥有社会保障的重要因素。本书实证研究结果表明，收入、受教育程度对女性非正规就业拥有养老、医疗保险的影响为正，不同非正规就业类型中女性是否拥有社会保险的概率有所不同。

（2）非正规就业者养老、医疗保险参与可能性中存在性别差异。相比较男性，女性拥有社会保险的可能性较低，但这种差异主要来自于非正规就业劳动力市场中存在的行业和职业、非正规就业类型的性别隔离。男性非正规就业者医疗保险参与率显著高于女性，一方面阻碍了女性公平获得医疗资源，另一方面又增加了女性自身的医疗负担，加剧了女性在社会中的不利地位。

总之，无论是对于男性还是女性，制度性因素，如是否拥有本地户籍或城市户籍、所在城市的经济发展情况及对社会保障政策实施的有效性是非正规就业者能否拥有社会保障的最重要条件。在同样的条件下，女性非正规就业者拥有社会保障的可能性要比男性低，这种性别差异更多是由其个人特征、收入、行业、职业和非正规就业类型的性别隔离所造成的。在控制个人特征、收入、行业、职业、地区特征及非正规就业类型等因素后，男女非正规就业者之间拥有社会保障可能性的差异并不像直观观测到的那么明显。

第八章　研究总结与基于研究的政策探讨

第一节　本书主要研究结论、研究局限与展望

一　主要研究结论

本书主要致力于从性别差异角度对中国女性非正规就业进行研究。本书试图利用宏观、微观统计数据以说明女性非正规就业的发展过程与现状，并对中国存在女性就业非正规化的趋势与程度作出判断，在此基础上对女性非正规就业选择影响因素进行实证分析。由于收入较低和社会保障程度低是非正规就业的两大重要特征，本书将利用微观计量经济学的方法从收入、社会保障两个方面分析女性非正规就业者收入决定、社会保障参与的影响因素，并说明男女两性之间的差异。本书的研究发现，概括来说，主要有以下几点：

（一）女性非正规就业规模不断扩大，存在明显的就业非正规化趋势。

无论是基于宏观统计数据还是微观住户数据，都表明中国城镇非正规就业的规模在不断上升，但不同时期非正规就业发展的速度不同，当前正处于非正规就业的平稳发展时期。在非正规就业发展的同时，女性非正规就业也得到了快速发展，统计数据表明女性劳动者存在显著的就业非正规化趋势。但与此同时，中国女性的劳动参与率水平在不断下降，由此表明女性在就业数量和就业质量上都没有提升，说明了女性在劳动力市场上存在被边缘化的倾向。

（二）在非正规就业内部，女性就业者处于不利地位。

相比较男性非正规就业者，女性受教育程度更低。非正规就业内部存在的职业、行业的性别隔离，形成所谓的“女性行业”、“女性职

业”，而具体的行业、职业又影响着收入水平。非正规就业中存在较为明显的收入性别差异，并且这种收入性别差异有扩大的趋势，由此女性非正规就业者处于收入的最底端。在社会保障层面，女性非正规就业者的整体保障水平比较低，但本地户籍的女性非正规就业者的社会保障水平相对较高，流动人口特别是女性农民工的社会保障水平最为低下。非正规就业内部存在的性别差异，使得女性在非正规就业市场中进一步边缘化。

（三）同等条件下，女性劳动者从事非正规就业的概率高于男性劳动者。

户籍因素、个人特征、家庭特征会对女性是否从事非正规就业产生影响。无论男女，在其他条件相同时，农村户籍劳动者都比非农户籍劳动者更有可能从事非正规就业。受教育程度越低的女性劳动者越倾向于从事非正规就业。但受教育程度对男女性非正规就业的选择影响有所不同，教育程度对女性的就业选择影响要比男性大。

即使在控制户籍特征、个人特征、家庭特征、地区等一系列因素后，女性劳动者从事非正规就业的概率仍旧比男性高。这表明女性非正规就业的选择还受到其他因素的影响，这些因素可能包括经济结构调整、社会分工、性别歧视等。相比较男性，女性更易从事非正规就业，并且女性非正规就业者比男性非正规就业者具有更低的收入和社会保障，意味着女性在劳动力市场中会受到双重歧视，在进入正规就业中受到歧视，在非正规就业内部受到歧视，从而使得女性在劳动力市场中处于不利地位，而女性这种不利地位的深层次原因在于女性就业平等权的缺失。

（四）非正规就业中的收入性别差异不能完全由男女两性个人特征、家庭特征、工作特征、地区特征中的差异所解释。

即使在控制一系列个人、家庭、职业和地区特征后，女性非正规就业者的月工资仍旧明显低于男性非正规就业者，并且非正规就业中的收入性别差距有增加的趋势，但这种趋势逐渐放缓。借助收入差异分解方法，发现教育、经验等特征对工资性别差异的形成起到了一定作用，但是性别工资歧视的贡献仍非常显著，这表明在非正规就业中存在男女同工不同酬的现象。

（五）制度性、非制度性因素共同决定了女性社会保障水平的低下。

影响女性非正规就业者参加社会保险的因素可以分为制度性因素和非制度性因素，其中制度性因素，如是否拥有工作地户籍是影响女性非正规就业者参加养老和医疗保险的最重要因素。但一些非制度性因素，如年龄、收入、职业、非正规就业类型等也影响着女性非正规就业者是否参加社会保险。本书实证研究结果表明，收入、受教育程度对女性非正规就业者拥有养老、医疗保险的影响为正，不同非正规就业类型中女性是否拥有社会保险的概率有所不同，但职业、行业对女性非正规就业者社会保险参与可能性没有显著影响。在同样的条件下，女性非正规就业者拥有社会保障的可能性要比男性低，但这种性别差异更多是由其个人特征、收入、行业、职业和非正规就业类型的性别差异所造成的，在非正规就业者养老保险、医疗保险实施的政策层面，对女性的排斥并不明显。

总的说来，当前中国女性就业非正规化的趋势非常明显，非正规就业在减少女性就业困难、保障女性劳动者及其家庭基本生活方面发挥了重要的作用。但非正规就业并未使男女两性在就业领域中的差距减小，反而呈现扩大的趋势。

二　不足之处及进一步研究方向

（一）研究的创新点

本书在理论分析和实证研究的基础上，试图在以下几个方面有所创新：

1. 选题视角新颖

本书从劳动经济学的角度，从性别差异视角对我国女性非正规就业进行系统研究。经济转型对劳动力市场，尤其是女性劳动力市场造成了巨大冲击。女性更多地聚集在收入低、缺乏社会保障的非正规就业领域，意味着女性在劳动力市场的边缘化。女性非正规就业不仅是一种劳动力现象，更与妇女问题、贫困问题、防止两性不平等的扩大紧密相连。对女性非正规就业现象进行分析可为相关政策提供微观基础，但国内对该课题尚缺乏全面深入的细致分析。

2. 研究中强调实证分析

目前女性非正规就业的研究仍较为少见，主要原因是非正规就业未纳入官方统计，数据缺乏限制了研究的开展。本书从宏观层面对女性非正规就业的规模进行了估计，在微观层面上对女性非正规就业者的现状进行了较为全面的分析。利用计量经济学分析方法以微观行为主体来探讨女性在就业选择、收入、社会保障的影响因素，并对非正规就业中存在的性别差异进行了分析，以便能更好地理解女性非正规就业发展中存在的问题及原因。在实证研究时，考虑到了样本选择性偏误，采用了最新的 BGF 方法进行纠正，在对女性就业决策进行分析时，充分考虑了女性在正规就业、非正规就业、不就业之间的选择，并在此基础上分析了女性非正规就业者的收入决定因素，从而避免了样本选择性所带来的估计偏误，使得分析结果更为可靠。

3. 研究内容更加全面

本书从多方面分析女性非正规就业的现状，并重点对女性非正规就业决策、收入、社会保障进行了分析。在对收入、社会保障的研究中，不仅分析了行业、职业对女性非正规就业者收入、社会保障水平的影响，更是考虑到了非正规就业的非均质性，按照国际劳工组织对非正规就业类型的划分，考虑了不同非正规就业类型对非正规就业中收入、社会保障性别差异的影响，从而能多方位了解女性非正规就业中存在的问题及原因。

（二）研究局限与展望

由于经济理论与计量方法及数据的限制，在本书的研究过程中仍然存在较多问题，研究的结论仍有待进一步分析，总的来看主要在以下几个方面还需要进一步深入研究：

1. 虽然本书的研究表明当前中国女性存在就业非正规化的趋势，并对这一现象进行了理论和实证分析，然而对这一问题的理论探讨还远远不够成熟。

2. 由于性别作为一种社会分层划分与其他社会特征，比如阶层、年龄、教育、健康、关系网络等的影响是相互交叉的，由此对于不同社会群体的女性，非正规就业产生的原因会有所不同，这就需要从性别角度出发构造一个多维视角（包括阶层、其他社会特征）来研究非正规就业。考虑到女性并非同质群体，本书对女性非正规就业群体进行了划分，但对性别与其他社会特征交互作用对女性非正规就业的讨论还较少，需要进一步深入研究。

3. 在对女性非正规就业者就业决策、收入、社会保障的分析中，解释变量基本可以划分为个人、家庭、地区及时间特征，然而很多因素，如经济发展、经济结构等因素并没有单独加入变量进行分析，但这些因素会对女性非正规就业的发展产生较大影响。目前在实证分析中只能把这部分因素的影响作为男女共同的影响因素放在随机扰动项中，而这些因素对男女非正规就业者行为的影响可能是不同的，对此还需要寻找新的研究方法进一步分析。

4. 社会保障制度在我国发展比较复杂，而非正规就业人群的社会保障制度就更为复杂了。本书试图从微观层面研究女性非正规就业者拥有社会保障的影响因素，但显然研究得还不够充分。特别是随着我国统一养老保险政策和全民基本医疗保障体系的建立，非正规就业人群的社会保障行为可能会产生很大变化，这些值得进一步跟踪研究。

5. 由于高技能人群在我国庞大的非正规就业队伍中所占比例较小，本书未对此类人群特别加以分析，但随着这部分人群的日益扩大，有必要对非正规就业者进行分层次研究。

6. 由于数据的限制，本书选用是否拥有劳动合同作为劳动者是否从事非正规就业的判别标准，这种划分存在一定不足，还需要与其他定义所得结论进一步做对比研究。

第二节　研究的政策建议

一　实行积极的妇女劳动培训政策，努力提高女性教育水平

在本书的实证分析中发现，女性非正规就业者整体素质不高是女性更多从事非正规就业的重要原因之一，并对其收入水平产生影响。为此，要把提高女性自身素质作为一项基础性工作，应该将女性作为宝贵的创造性资源，致力于对其内在能力的开发，这也是消除社会性别歧视的主要途径之一。

（一）提高女性的教育水平，缩小男女性之间的教育差距

近年来女性的总体教育水平不断得到提升，女性平均受教育年限由1982年的4.2年上升至2010年的8.4年，并且女性平均受教育年限的提高速度快于男性，女性在1982—2010年间提高了4.2年，而男性在此期间仅提高了3.1年，但总体而言女性平均受教育年限仍短于男性，2010年男女两性的平均教育水平相差0.8年。另一方面，女性在小学

阶段的辍学比例高于男性，女性接受过高等教育的比例还较低，2010年女性接受高等教育的比例较男性低1.3个百分点，并且在受过高等教育的女性中，58.9%接受的是大专教育，本科以上的比例较低。[①] 以上数据说明尽管女性的受教育状况得到了很大改善，但女性的教育结果依旧低于男性，而在农村地区，男女两性受教育程度的差异较大。

为此，针对不同年龄女性可采取不同的措施。对于6—11岁小学阶段的人口，重点应该关注其学业的完成情况，尽可能杜绝辍学和肄业现象的发生，消除义务教育阶段的性别差距。特别是在农村地区，政府应通过制定相关政策保证女性真正获得与男性同等的受教育机会，以缩小男女性教育水平差距。虽然当前我国儿童义务教育阶段的性别差距逐渐缩小，农村女性受教育权已基本上实现了有法可依，农村适龄女童失学辍学的现象已经并不多见，但家庭经济困难仍是目前造成农村女童失学的主要原因之一，农村女性尤其是贫困、边远、少数民族地区女性的受教育权并没有得到切实的保障，性别歧视因素的影响依然存在。相比较男孩，女孩能否接受教育受家庭经济状况的影响更大，对于家庭经济状况更为敏感。在当前教育费用高涨的情况下，教育的机会成本升高，女孩更有可能受到冲击，对于贫困家庭可能尤其如此。为此国家要加大对农村地区的教育投入，重点扶持中西部农村地区家庭经济困难学生就学，努力缩小城乡在占有教育资源上的不均衡。

我国教育中的性别不公正，女性教育意识的缺失由来已久，在农村地区更加明显。这需要国家和政府通过教育立法和制度层面将女性教育意识纳入决策主流，从法律的高度突出社会性别平等意识。针对女性在高中和大学的毛入学率较低的特点，应着重提高这两个教育层次的毛入学率，努力保证女性平等接受中高等教育的机会。对50岁及以上女性，应重点提高她们的识字率，扫除妇女文盲。

（二）积极发展职业教育，优化女性教育培训的社会环境

积极发展职业教育、成人教育和技术培训，从而加强女性的发展能力。在当前社会转型、经济转轨的背景下，要教育引导女性树立终身学习的意识，以适应市场经济的要求。为此各级政府要实行积极的妇女劳

① 杨菊华、谢永飞：《女性受教育状况的纵向变动及其性别比较》，《中国妇女报》2013年4月2日。

动培训政策，通过加大资金投入，积极开展女性职业技能培训。

要有针对性地对女性进行职业培训。目前女性面临的不仅是“是否培训”的问题，更重要的是“如何培训”的问题。培训不能仅仅是针对近期的劳动力市场需求进行，而应是针对女性个体的具体潜能进行。对女性的培训不能只集中在低技能的服务业和家政业，而需要对在其职业生涯定位的情形下进行。

在女性的职业培训上，可以充分整合和利用社区内各种教育力量和教育资源，以推动女性教育与培训的发展。提倡社区内各类学校、社会团体、公共文化机构及企业与社区开展共建，通过各种途径和形式为女性非正规就业者提供技能培训和职业培训，鼓励女性实现自我创业。目前很多企业在培训对象的选择上，有明显的性别偏好。相比较男性，女性获得在职培训方面的机会和投资较少。为此要鼓励企业加大对女性职工的职业培训。考虑到女性非正规就业者的职业特点，在培训时间上需具有一定弹性。在针对女性非正规就业者培训的过程中，除了发挥政府、用人单位的主导性地位外，还要注重大量社会组织、民间组织的积极作用。

要加强思想观念教育和法制教育，公共职业介绍机构应免费为下岗女性提供政策咨询、岗位信息、职业介绍等服务，以不断提高女性劳动者的就业竞争能力和维权能力。

二　加强法律法规建设，把性别意识纳入到政策主流

在现有社会制度既定下，男女两性在就业决策、收入、社会保障方面仍旧存在显著差异。在相同条件下，女性更易从事非正规就业，女性非正规就业者的收入水平要明显低于男性非正规就业者，女性的医疗保障水平要低于男性，这些都表明在社会中或多或少存在着对女性的某种歧视，特别是对低水平的女性就业者。

平等就业权是劳动保护权的核心，也是公民赖以在社会立足，并进而享受到人格尊严的基础。虽然我国法律中规定了男女性享有平等就业权利，但由于操作性不强和缺乏罚则，对就业歧视未能起到有力的遏制作用，就业歧视的法律责任还存在空白。国家对劳动力市场的监督管理不力，特别是对私营中小企业和非正规就业领域的监管不到位。女性的非正规就业为国家经济做出了贡献，但她们自身却面临各种各样的困

难：低收入、培训与教育的缺乏、缺乏社会保障。

由此国家应针对女性非正规就业者的特点和性别特征，以社会性别为基础，确立歧视的标准。通过完善劳动就业法律、法规与政策，对劳动力市场中的歧视行为及惩罚措施做出明确规定，使得女性在维护自己权益时真正做到有法可依，违法必究，从而有针对性地保障女性非正规就业者的合法权益。

（一）健全立法体系，保障男女平等就业

女性应与男性享有平等的就业权，但其实现过程不可能通过市场机制自发地形成。市场自身不会产生社会理想的平等效果，甚至可能会加剧不平等，这正是市场失灵的主要表现之一。保障公民的平等就业机会，必须通过切实有效的法律制度和具体的保障救济措施来实现。

为此可制定《反就业歧视法》。在这部法律中，应明确界定包括性别等就业歧视的构成要件及免责条件，以此来判别和认定用人单位的行为是否属于就业歧视行为，从而为法官断案提供可供操作的判断标准。不仅要明确显性歧视行为，还应将隐性歧视行为纳入法律的规制之中。此外要明确规定具体的法律责任，明确当用人单位存在就业性别歧视行为时，应对劳动者造成损失所承担的民事责任、赔偿标准等。另一方面国家还要建立健全纠错和救济制度。

除了制定相应的法律之外，要建立积极的促进劳动力市场性别平等政策。政府在有效督导的同时，可采取减免税收等手段鼓励用人单位实施企业内部的性别平等计划，引导用人单位积极承担性别平等方面的社会责任。

（二）完善社会保障制度

国家法律和政策的扶持对于非正规就业的健康发展有着举足轻重的作用，因此，我国当务之急是健全有关非正规就业的法规和政策，为妇女非正规就业提供制度保障。

当前我国应按照全覆盖、保基本、多层次、可持续的目标，逐步完善社会保障体系，最终使得所有劳动者平等享有社会保障权利。

1. 建立适合非正规就业者的社会保障制度

当前中国现行的社会保障制度还没有完全发挥出作为经济社会发展的“安全网”和“解压阀”的作用。社会保障制度应对全体公民提供保障，尤其是针对非正规就业弱势群体。

应建立非正规就业人员的灵活参保机制。在社会保障制度设计上要针对非正规就业人员的特点，探索建立社会保障准入标准弹性化制度，为非正规就业人员参保提供广泛的可能性，以适应不同缴费能力非正规就业者的需求。根据非正规就业人员就业流动性大、不稳定的特点，为非正规就业人员设计、建立唯一的社会保险关系，制定统一的社会关系转续办法，使之能够随就业岗位、就业地区的变化而转移、接续。在交费方式上，可以让非正规就业者根据自身收入，确定缴费基数，缴费基数可以依据实际情况规定一个参照数额，并且可以随时根据收入变化更改缴费基数。可以自主选择按月、按季、按年缴费，允许非正规就业人员以较低的费率参保，并允许中断后补缴。

在完善非正规就业者社会保障时，要特别注意农民工的社会保障工作，弥补城乡社会保障衔接上的缺口。当前我国农民工数量规模巨大，其中绝大部分为非正规就业者。由于农民工公民权的缺失使得其在城市中就业目标主要为赚钱而非在城市定居，农民工群体的流动还只是一种暂时性、钟摆式的流动。在农忙、就业淡季或丧失劳动能力的时候农民工往往会回流到户籍所在地，由此农民工就业的目标地会频繁在各个地区和单位之间流动，并不确定。因此完善农民工的社会保障要特别注意保险对接和转换问题。

完善农民工社会化保障体系应通过放宽进入条件、创新管理方法、政策协调等途径来完成。农民工的养老保障问题是农民工社会保障问题中的重点。在低标准、广覆盖、可接续原则下，应引导和鼓励农民工参加城镇企业职工基本养老保险和新型农村社会养老保险，并允许其根据自身情况自由选择参加。通过缴费方式、缴费费率、计费标准、领取方式等管理操作方法上的灵活创新鼓励农民工参加养老保险。对于农民工而言，即使回乡务农，也应为其保留社会保险关系，以保障回乡农民工的合法权益。

健全农民工医疗保障制度。鼓励农民工参加城镇居民基本医疗保险或农村新型合作医疗保险，并继续完善基本医疗保障关系转移接续办法，在医疗保险方面实行低门槛、保大病、管当期。

要加大农民工工伤保险政策落实力度。当前农民工的工伤保险覆盖率较低，应尽快实现工伤保险对整个农民工群体的全覆盖。简化农民工工伤认定、鉴定和纠纷处置程序。提高工伤待遇水平特别是一次性补助标准，保障遭工伤或患职业病的农民工获得与城镇职工一样的医疗救助和经济补偿。

城乡二元结构的最终消失是一个漫长的过程，由此农民工群体、过渡性的农民工社会保障制度也在一定时期内会长期存在。逐步改变长期形成的城乡二元社会结构，坚持国民一体是解决过渡性社会保障问题的出路。

2. 要特别完善生育保险制度

当前非正规就业的社会保障政策对非正规就业者的未来收入保障比较重视，而忽视了工伤、生育等短期保险项目。而对于女性非正规就业者而言，完善生育保险制度尤为重要。

2012 年底，生育保险办法（征求意见稿）向社会公开征求意见，该办法明确生育保险将实现各类职工人群的全覆盖。生育保险办法是社会保险法的配套法规，生育保险覆盖范围扩大将有利于生育保险制度的统一，有利于体现社会保障的公平性。但在生育保险办法（征求意见稿）的修订中应考虑以下几个问题：

首先要强化政府在生育保险制度中的责任和监管力度，切实提高生育保险的法律效力和强制力，使生育保险的缴费人数和比例有较大的增长并保持较高的水平。其次，进一步扩大生育保险的覆盖面和受益面，并最终实现生育保险的全覆盖。改变生育保险基于用人企业单位作为参保核心的方式，应予以非正规就业人员自愿选择参加城镇生育保险的权利。对于自愿选择参加城镇生育保险的非正规就业人员，允许她们缴纳本应由雇主承担的生育保险费，在其提供劳动力的统筹地区，政府应当为非正规就业人员开通缴费渠道并提供相应的便民服务。针对非正规就业者流动性频繁，就业不稳定的实际情况，出台生育保险关系转移接续政策，解决因流动而发生的断保现象。再次，采取积极措施鼓励企业参加生育保险。妇女生育行为的社会性，以及女性因生育行为可能给自身劳动生涯带来的各种劳动风险，客观上要求政府、所有企业均衡地承担女性生育成本。最后，通过鼓励性政策强化男性在生育中的责任。应顺应国际潮流，将生育保险待遇的受益人由女性变为两性。提高男性比较集中的企业缴纳生育保险的积极性，有助于转变刻板化的性别分工模式，对消除对女性的就业歧视具有积极作用。

3. 优化社会环境，支持非正规就业市场的发展

在女性非正规就业发展的过程中，政府应作为环境建设者、市场监

督者和服务提供者，创造有利于女性非正规就业发展的宏观环境。工商、税务、城管等部门，要对女性非正规就业实行优惠的扶持政策，保护她们的合法权益，引导她们规范进行非正规就业。对于有自主创业意愿的女性，可以鼓励其自主创业并进行相关法律法规的培训，帮助女性了解创业扶植政策，通过扶持创业的小额信贷和创业基金辅助女性完成创业手续。

三 分类推进户籍制度改革

无论是在劳动者就业决策、收入决定、社会保障影响因素的实证分析中，都发现政策性因素，特别是户籍制度所带来的影响。在同等条件下，流动人口特别是农村户籍的劳动者从事非正规就业的可能性会大大提高，社会保障水平会大大降低，这一点无论是对于男性还是女性都是成立的。这表明了流动人口，特别是农民工在城市社会中受到户籍制度的整体排斥，户籍制度在一定程度上造成了劳动力市场的分割，并使这种城乡二元结构得到进一步强化。当农民逐渐脱离土地进入城市寻求就业机会时，却无法直接进入城市正规部门就业，只能进入到相对低级的非正规就业劳动力市场中，造成劳动者就业机会的不均等，阻碍了劳动力的自由流动。因此稳步推进户籍制度改革是大势所趋，也是社会发展的必然要求。为此要深化户籍制度改革，积极调整户口迁移政策，逐渐放宽户口迁移限制。可采用国际上通行的按居住地登记户口的原则，以职业划分农业、非农业人口，使户籍制度回归到其应有的登记职能，并最终建立城乡统一的户口登记管理制度，使户籍彻底和社会待遇脱钩。

在实践中，户籍改革可能不会一步到位，可分批有序推进，以分类推进户籍制度改革。首先重点解决举家迁徙、在城镇就业多年有稳定居住条件居民的市民化，而对于没有解决户籍的居民，则是通过缩小公共服务差距解决其市民化问题。考虑到城市类型、发展阶段的不同，可先在中小城镇全面取消户籍制度，进而在其他大中城市户籍制度基本放开，最后在北京、上海等特大城市实施，最终全面实行以身份证代码为唯一标识的人口登记制度。

户籍改革是社会关注的焦点，这项改革之所以很敏感又难以彻底进行，关键在于其负载着教育、医疗、就业等各种公共福利。户籍背后是公共服务的均等化，而公共服务需要资金支撑，财力不足制约着户籍制度的改革。资金的筹集需要地方政府或者中央政府、企业和个人等几方共同出资，而不能把负担完全交给地方政府。而为了解决城市基本公共服务均等化的资金问题，需要按照新型城镇化的要求改革财税体制。

在户籍改革的同时，应推进农村产权制度改革，以增加农民财产性收入。在当前家庭土地承包制下，土地分配和再分配都是以家庭而非个人为基本单位，缺乏性别视角。由于女性通常会因为婚嫁而产生流动，与男性相比，女性更加容易丧失土地，农村妇女的土地权益往往以合法形式被侵占。在农村产权制度的改革中，要特别注意土地市场中的性别差异。农村产权制度改革政策在制定中，要充分掌握农村妇女土地使用、就业、社会保险的情况，将社会性别意识引入公共决策领域，从而保障女性的土地权利。

总之，只有触及农民工公民权缺失的制度根源，通过公平、平等、弱化身份的户籍制度改革，使农村转移劳动力和城镇居民享有一样多的权利和义务，同时赋予农民自由处置个人财产的权利，并加大农民工身份认同与归属感，只有这样才能真正解决农民工非正规就业中遇到的诸多问题。在改革的同时，要引入性别视角，才能使女性农民工的利益得到根本保障。

四　建立覆盖城乡的非正规就业统计信息网，完善我国非正规就业的性别统计

非正规就业已成为当前我国劳动力的重要就业方式，对城镇非正规就业规模的准确估计有利于更加全面和确切地分析我国劳动力市场上的就业水平和结构，提高我国劳动力市场信息的完整性和可靠性。另一方面健全非正规就业的完整统计有利于弥补我国失业、就业统计的缺陷，使失业、就业信息得到全面的、真实的反映，从而提高统计数据的可靠性和真实性。但由于非正规就业人数庞大，分类复杂，虽然国际劳工组织有关于非正规就业的明确概念框架图，但目前在中国仍缺乏系统、权威的统计数据，还没有明确的按性别划分的非正规就业统计。因此，应建立城乡劳动力就业登记信息制度，按照就业形式进行就业统计。

在对非正规就业群体展开系统调查时，政府相关部门不仅要在非正规就业的外延和内涵上达成共识，更要统一各部门、各团体关于非正规就业的统计口径，以形成覆盖非正规就业的统计信息网。在调查过程中

应有意识地加入性别统计，以便准确掌握女性非正规就业的相关信息，从而不仅为政府针对该群体制定相应制度、政策时提供数据支持，确保科学决策，也便于学术界对女性非正规就业展开研究，并更深入地分析非正规就业领域中的性别差异问题。

总之，非正规就业为女性提供了多种就业机会，满足了不同劳动者的就业需求。然而在为女性提供就业形式选择自由的同时，我们也应关注到非正规就业具有就业不稳定、收入水平低下、社会保障度不足、劳动强度较大以及组织化程度低等特点。鉴于当前中国非正规就业市场所呈现的女性劳动非正规化的特点，这个领域的规范化和提高社会保障水平也应成为我国致力于性别平等的关注点。

社会经济利益构成中的各方面都包含着社会性别的差异性，这是社会政策制定和方案设计过程中不容忽视的重要因素。如果在社会政策设计过程中能够融入社会性别意识，充分考虑到男女两性的生理和心理差异及社会发展中的性别偏见，对就业、收入、社会保障等方面的社会性别差别予以重视，把社会性别意识纳入到政策主流，那么社会政策就能体现性别的平等和社会的公平。

参考文献

ADB and ILO, "Women and labour markets in Asia: Rebalancing for gender equality", A joint publication of the International Labour Organization and Asian Development Bank, 2011.

Armando Barrientos, "Women, Informal Employment, and Social Protection in Latin America", IDPM Discussion Paper Series, Vol. 5, 2002, p. 66.

Becker, G. S.. *The Economics of Discrimination*, The University of Chicago Press, 1971 (Original edition, 1957).

Betcherman, Gordon and Niels-Hugo Blunch, *Characteristics and Experiences of Laid-Off Workers: Evidence from China.* mimeo. World Bank, 2006.

Blinder, A. S., "Wage Discrimination: Reduced Form and Structural Estimations", *The Journal of Human Resources*, Vol. 8, 1973, pp. 436 – 455.

Bourguignon, François, Fourier, Martin and Gurgand, Marc, "Selection bias correction based on the multinomial logit model", Mimeo. CREST, 2001. France.

Available at: http://www.crest.fr/pageperso/lmi/gurgand/selmlog.htm.

Breman, J. C., "The Informal Sector in Research: Theory and Practice", Rotterdam: Erasmus University. Comparative Asian Studies Program 3, 1980.

Caroline Moser, "Informal Sector or Petty Commodity Production: Dualism or Dependence in Urban Development?", *World Development*, Vol. 6, 1978, pp. 1041 – 1064.

Carr, Marilyn and Chen, Martha, "Globalization and the Informal Economy: How Global Trade and Investment Impact on the Working Poor", Working Paper on the Informal Economy, Working No. 1 INTEGRATION (Geneva:

International Labour Office), 2002.

Carr, Marilyn and Chen, Martha, "Globalization, Social Exclusion and Work with Special Reference to Informal Employment and Gender", Policy Integration Department, Working Paper No. 20 (Geneva: International Labour Office), 2004.

Castells, M. and Protes, A., *World Underneath: The Origins, Dynamics, and Effects of the Informal Economy.*, In A. Portes et al. (eds). The Informal Economy. London: The Johns Hopkins Press, 1989.

Chen, Martha, "Informality and Social Protection: Theories and Realities", *IDS Bulletin*, Vol. 39. No. 2, 2008, pp. 18-27.

Chen, Martha, "Women in the Informal Sector", *SAIS Review*, Vol. 11, No. 1 Winter-Spring, 2001, pp. 71-82.

Cook, Sarah, "The challenge of informality: Perspectives on China' s Changing Labour Market", *IDS Bulletin*, Vol. 39, No. 2, May 2008, pp. 48-56.

Cotton, J., "On the Decomposition of Wage Differentials", *The Review of Economics and Statistics*, Vol. 7, No. 2, 1988, pp. 236-243.

De Soto, Hernando, The Other Path: The Economic Answer to Terrorism, New York: Harper Collins, 1989.

Dong, Xiao-yuan, Jiangchun Yang, Fenglian Du, and Sai Ding, "Women' s Employment and Public-SectorRestructuring: The Case of Urban China", In Grace O. Lee and Malcolm Warner. eds. *Unemployment in China: Economy, Human Resources and Labour Markets*, London and New York: Routledge, 2006, pp. 87-109.

Dong X. and Zhang L., "Economic Transition and Gender Differentials in Wages and Productivity: Evidence from Chinese Manufacturing Enterprises", *Journal of Development Economics*, Vol. 88, No. 1, 2009, pp. 144-156.

Du, Yang, Cai Fang and Wang Meiyan, "Marketization and/or Informalization? New Trends of China' s Employment in Transition", Working Paper No. 63. Institute of Population and Labor Economics, Chinese Academy of Social Sciences. 2008.

El-Mahdi, Alia and Mona Amer, "Egypt: growing informality, 1990 - 2003", *Good Jobs, Bad Jobs, No Jobs: Labor Markets and Informal Work in Egypt, El Salvador, India, Russia, and South Africa*, Washington D. C: Economic Policy Institute, 2004, p. 10.

Elizabeth Hill, "Women in the Indian Informal Economy: Collective Strategies for Work Life Improvement and Development", *Work Employment Society*, Vol. 15, 2001, p. 443.

Fang Lee, Cooke, "Informal Employment and Gender Implications in China: the nature of work and employment relations in the community services sector", *Human Resource Management*, Vol. 17, No. 8, 2006, pp. 1471 - 1487.

Fenglian Du, Xiao-yuan Dong, "Why do women have longer durations of unemployment than men in post-restructuring urban China?", *Cambridge Journal of Economics*, Vol. 33, 2009, pp. 233 - 252.

Fields, Gary, "A Guide to Multisector Labour Market Models", World Bank Social Protection Discussion Paper Series 0505, Washington DC: World Bank, 2005.

Funkhouser, E., "The Urban Informal Sector in Central America: Household Survey Evidence", *World Development*, Vol. 24, No. 11, 1996, pp. 1737 - 1751.

Giles, John, Albert Park and Fang Cai, "Re-employment of Dislocated Workers inUrban China: The Roles of Information and Incentives", *Journal of Comparative Economics*, Vol. 34, No. 3, 2006, pp. 582 - 607.

Gustafsson, B. and Shi li, "Economic Transformation and the Gender Earnings Gap in Urban China", *Journal of Population Economics*, Vol. 13, No. 2, 2000, pp. 305 - 329.

Hart, Keith. "Informal Income Opportunites and Urban Employment in Ghana", *Journal of Modern African Studies*, Vol. 11, No. 1, 1973.

Harris, John R. and Todaro, Michael P., "Migration, Unemployment and Development: A Two - Sector Analysis". *The American Economic Review*, Vol. 60, No. 1, 1970, pp. 126 - 142.

Hart, K., "Small Scale Entrepreneurs in Ghana and Development Planning",

Journal of Development Planning, July, 1971.

Heckman, J. J., "A Life Cycle Model of Earnings, Learning and consumption", *Journal of Political Economy*, Vol. 84, No. 4, 1976, pp. S11 - S44.

Heckman, J. J., " Sample Selection Bias as a Specification Error", *Econometrica*, Vol. 47, No. 1, pp. 153 - 161.

Heintz, James, "Globalisation, Economic Policy and Employment: Poverty and Gender implications" (Geneva: International Labour Office, Employment Policy Unit, Employment Strategy Department) [Online] Available at: www.ilo.org/public/english/employment/strat/download/esp2006 - 3.pdf, 2006.

Horn, "No cushion to fall back on: The global economic crisis and informal workers", Inclusive Citiesproject, 2009.

Hoyman M. "Female participation in the informal economy: A neglectedissue", *The Annals of the American Academy of Politicaland Social Science*, 1987 (493): pp. 64 - 82.

Hung, S., "Lessons not learned? Gender, employment and social protection in Asia' scrisis-affected export sectors", Asia Development Bank, 2009.

ILO, "Employment, Incomes and Equality: A Strategy for Increasing Productive Employment in Kenya". Geneva: International Labor office, 1972.

ILO, "Women and Men in the Informal Economy: A Statistical Picture", Geneva: International Labor Office, 2002.

ILO, "World Employment Report 2004 - 05: Employment, Productivity and Poverty Reduction", Geneva: International Labor Office, 2005.

ILO, "Statistical update on employment in the informal economy", Geneva: International Labor office, 2011.

Ingeborg Wick, "women working in the shadow: The informal economy an export processing zones", working paper, 2010, p. 30.

Julie H. Gallaway and Alexandra Bernasek, "Gender and Informal Sector Employment in Indonesia" *Journal of Economic Issue*, Vol. 36, No. 2, 2002, pp. 313 - 321.

K. F. Becker, "Fact Finding Study: The Informal Economy", Swedish International Development Agency, 2004., p. 19.

Kathleen McInnis-Dittrich. "Women of the Shadows: Appalachian Women's Participation in the Informal Economy", *Affilia*, Vol. 10, 1995, p. 398.

Lardy, Nicholas, 2002. *Integrating China into the Global Economy.* Washington, DC: Brookings Institution Press, 2002.

Lenz E, Myerhoff B, *The feminization of America.* Los Angeles: Jeremy P. Tarcher, 1985, pp. 146 – 187.

Liu. P. W. , X. Meng, and J. Zhang, "Sector Gender Wage Differentials and Discrimination in the Transitional Chinese Economy", *Journal of Population Economy*, , Vol. 13, No. 2, 2000, pp. 305 – 329.

Maloney, William F. , "Informality Revisited", *World Development*, Vol. 32, No. 7, 2004, pp. 1159 – 1178.

Martha Alter Chen, Joann Vanek. , Marilyn Carr, "Mainstreaming Informal Employment and Gender in Poverty Reduction", The Commonwealth Secretariat, 2004.

Marc Bacchetta, Ekkehard Ernst, Juana P. Bustamante, "Globalization and informal jobs in developing countries", A joint study of the International Labour Office and the Secretariat of the World Trade Organization, 2009.

McFadden, D. L. , *Conditional logit analysis of qualitative choice behavior*, In P. Zarembka (ed.), Frontiers in Econometrics, New York: Academic Press, 1973.

Mincer, J. , "A Study of Personal Income Distribution", New York: Columbia University. Dissertation Abstracts International, 1957, 17 (8): 1691.

Mincer, J. , "Investment in Human Capital and Personal Income Distribution", *Journal of Political Economy*, Vol. 66. No. 4, 1958, pp. 281 – 302.

Norma Loayaza, "*The Economies of the Informal Sector*", Policy Research Working Paper 1727, 1996.

Neumark. D. , "Employers' Discriminatory Behavior and the Estimation of Wage Discrimination", *Journal of Human Resources*, Vol. 23, 1988, pp. 279 – 295.

Oaxaca, Ronald, "Male-Female Wage Differentials in Urban Labor Markets", *International Economic Review*, Vol. 14, No. 3, 1973, pp. 693 – 709.

Oaxaca, Ronald and Ransom, Michael, "On Discrimination and the Decomposition of Wage Differentials", *Journal of Econometrics*, Vol. 61, 1994, pp. 5 – 21.

Perry, GuillermoE; Maloney, WilliamF.; Arias, OmarS.; Fajnzylber, Pablo; Mason, AndrewD. and Saavedra-Chanduvi, Jamie, "Informality: Exit and Exclusion", World Bank Latin American and Caribbean Studies, Wanshington DC: World Bank, 2007.

Reimers, C. W, "Laboor Market Discrimination Against Hispanic and Black Men", *The Review of Economics and Statistics*, Vol. 65, No. 4, 1983, pp. 570 – 579.

Roos, "Patricia A. Revisiting Inequality", *Contemporary Sociology*, Vol. 1, 1999.

Ruffer Tim, John Knight, "Informal Sector Labor Markets in Developing Countries", *Oxford Policy Management*, February 2007.

Sethuraman, Salem V., "The Urban Informal Sector: Concept, Measurement and Policy", *International Labour Review*, Vol. 114, No. 1, 1976, pp. 69 – 81.

Song, Yueping and Xiao-Yuan Dong, "Gender and Occupational Mobility in Urban China during the Economic Transition", Unpublished manuscript, 2009.

Solinger, Dorothy J., *Contesting Citizenship in Urban China: Peasant Migrants, the State, and theLogic ofthe Market*, Berkeley: University of California Press, 1999.

Standing G. "Global feminization through flexible labour: a theme revisited", *World Development*, Vol. 27, No. 3, 1999.

Summerfield, Gale., "Economic Reform and the Employment of Chinese Women", *Journal of Economic Issues*, Vol. 28, No. (3), 1994, pp. 715 – 732.

Sylvia Chant and Carolyn Pedwell, "Women, gender and the informal economy: An assessment of ILO research and suggested ways forward", Discussion paper, London School of Economics, 2008.

Theodore Schultz, "Capital Formation by Education", *Journal of Political Economy*, Vol. 68, No. 6, 1960.

步德迎:《从劳动力的商品属性谈解决就业的思路》,《中国经济时报》2003年2月25日。

蔡昉:《中国人口与劳动问题报告——城乡就业问题与对策》,社会科学文献出版社2002年版。

蔡昉:《非正规就业:发挥劳动力市场配置资源作用》,《前线》2005年第5期。

常凯:《公有制企业中女职工的失业及再就业问题的调查与研究》,《社会学研究》1995年第3期。

陈鹏:《公民权社会学的先声——读T. H. 马歇尔〈公民权与社会阶级〉》,《社会学研究》2008年第4期。

陈映芳:《"农民工":制度安排与身份认同》,《社会学研究》2005年第3期。

陈敏、曲亮:《金融危机下的非正规就业》,《中国人口科学》2010年增刊。

程绍珍:《非正规就业模式与郑州地区女性非正规就业》,《改革与理论》2002年第12期。

第二期中国妇女社会地位调查课题组:《第二期中国妇女社会地位抽样调查主要数据报告》,《妇女研究论丛》2001年第5期。

第三期中国妇女社会地位调查课题组:《第三期中国妇女社会地位调查主要数据报告》,《妇女研究论丛》2011年第11期。

都阳:《教育对贫困地区农户非农劳动供给的影响研究》,《中国人口科学》1999年第6期。

高文书:《进城农民工就业状况及收入影响因素分析——以北京、石家庄、沈阳、无锡和东莞为例》,《中国农业经济》2006年第1期。

高文书:《进城农民工社会保障的影响因素研究》,《市场与人口分析》2007年第5期。

葛玉好:《部门选择对工资性别差异的影响》,《经济学(季刊)》2007年第1期。

顾栋：《试论非正规就业——兼谈我国妇女的非正规就业》，《上海市经济管理学院学报》2006 年第 7 期。

国际劳工局：《劳动力市场主要指标体系 1999 》，国家劳工与信息研究所译，中国劳动社会保障出版社 2001 年版。

国际劳工组织：《亚洲的体面劳动：对 2001—2005 年结果的报告》，局长报告，韩国釜山，2006：8 –9。

国际劳工局：《世界就业报告，1998—1999》，中国劳动与社会保障出版社 2000 年版。

国家人口计生委流动人口服务管理司：《中国流动人口发展报告 2012》，中国人口出版社 2012 年版。

何平、华迎放等：《非正规就业群体社会保障问题研究》，中国劳动社会保障出版社 2008 年版。

胡鞍钢、杨韵新：《就业模式转变：从正规化到非正规化——我国城镇非正规就业状况分析》，《管理世界》2001 年第 2 期。

胡鞍钢、赵黎：《我国转型期城镇非正规就业与非正规经济（1990—2004）》，《清华大学学报》（哲学社会科学版）2006 年第 3 期。

胡凤霞、姚先国：《农民工非正规就业选择研究》，《人口与经济》2011 年 4 月。

胡凤霞、姚先国：《城镇居民非正规就业选择与劳动力市场分割——一个面板数据的实证分析》，《浙江大学学报》（人文社会科学版）2011 年 1 月。

胡凤霞：《城镇劳动力非正规就业选择研究》，博士学位论文，浙江大学，2011 年。

华迎放：《非正规就业群体的社会保障》，《中国劳动经济学》2009 年 1 月。

黄耿志、薛德升：《国外非正规部门研究的主要学派》，《城市问题》2011 年第 5 期。

黄匡时、嘎日达：《流动人口的社会保障陷阱和社会保障的流动陷阱》，《西部论坛》2011 年第 11 期。

金一虹：《女性非正规就业：现状与对策》，《河海大学学报》（哲学社会科学版）2006 年第 3 期。

蒋永萍：《社会性别视角下的生育保险制度改革与完善——从〈生育保

险办法（征求意见稿）〉谈起》，《妇女研究论丛》2013 年第 1 期。

金窗爱：《中国当代女性就业问题研究》，博士学位论文，东北师范大学，2012 年。

孔亮：《我国灵活就业人员社会保障问题研究综述》，《法制与社会》2010 年 8 月。

李强：《中国社会变迁 30 年（1978—2008）》，社会科学文献出版社 2009 年版。

李强、唐壮：《城市农民工与城市中的非正规就业》，《社会学研究》2002 年第 6 期。

黎煦、高文书：《我国进城农村劳动力非正规就业相关问题分析》，《人口与经济》2010 年第 6 期。

林李月、朱宇：《流动人口社会保险参与情况影响因素的分析——基于福建省六城市的调查》，《人口与经济》2009 年第 3 期。

刘妍、李岳云：《城市外来农村劳动力非正规就业的性别差异分析》，《中国农村经济》2007 年第 12 期。

吕红：《转型期中国灵活就业及其制度创新问题研究》，博士学位论文，东北师范大学，2008 年。

［美］威廉·阿瑟·刘易斯：《二元经济论》，施炜等译，北京经济学院出版社 1989 年版。

［美］托罗达：《第三世界的经济发展》（下），于同申等译，中国人民大学出版社 1991 年版。

孟宪范：《改革大潮中的中国女性》，中国社会文献出版社 1995 年版。

屈小博：《城市正规就业与非正规就业收入差距及影响因素贡献——基于收入不平等的分解》，《财经论坛》2011 年第 3 期。

全国妇联、国家统计局：《第二期妇女社会地位调查数据报告》，《中国妇运》2001 年第 10 期。

全国维护妇女儿童权益协调组：《全国农村妇女权益状况和维权需求调查报告（2006）》，《中国妇运》2007 年第 3 期。

任远、彭希哲主编：《2006 中国非正规就业发展报告：劳动力市场的再观察》，重庆出版社 2007 年版。

任远：《社区就业的性别特征与防止妇女地位边缘化的思考》，《妇女研究论丛》2003 年第 6 期。

人力资源和社会保障部：《2011 年度人力资源和社会保障事业发展统计公报》，2012 年。

沈琴琴、张艳华：《中国劳动力市场灵活性与稳定性的影响因素研究》，《首都经济贸易大学学报》2011 年第 5 期。

石美遐：《非正规就业劳动关系研究——从国际视野探讨中国模式和政策选择》，中国劳动社会保障出版社 2007 年版。

世界银行网站：http://search.worldbank.org/data? qterm = labor%20force%20participate&language = EN。

谭琳、李军锋：《我国非正规就业的性别特征分析》，《人口研究》2003 年第 5 期。

唐斌尧：《中国转型期非正规就业女性群体的福利权问题》，博士学位论文，南开大学，2009 年。

万向东：《农民工非正式就业的进入条件和效果》，《管理世界》2008 年第 1 期。

王东进：《完善劳动社会保障制度，促进灵活就业健康发展》，《中国劳动》2003 年第 11 期。

王红芳：《城市化进程中女性人力资源面临的挑战及对策》，《价格月刊》2006 年第 3 期。

王红芳：《非正规就业对女性利益的影响及对策》，《浙江学刊》2006 年第 3 期。

王红芳、蓝光喜：《我国女性非正规就业现状的调查与困境分析》，《江西行政学院学报》2006 年第 4 期。

王巧玲、邱磊：《城市农民工：一个亟须社会关注和援助的困难群体》，《中国妇女报》2008 年 2 月 21 日。

王美艳：《中国失业妇女状况》，2009 年 5 月 7 日，中国网（http://www.china.com.cn/news/zhuanti/fnbg/2009 - 05/07/content _ 17738913.htm）。

王美艳：《中国城市劳动力市场上的性别工资差异》，《经济研究》2005 年第 12 期。

王汝志：《非正规就业农民工的养老保险需求实证分析——基于深圳地区的调研数据》，《特区经济》2012 年第 1 期。

王小章：《从“生存”到“承认”：公民权视野下的农民工问题》，《社会学研究》2009 年第 1 期。
魏下海、余玲铮：《我国城镇正规就业与非正规就业工资差异的实证研究——基于分位数回归与分解的发现》，《数量经济技术经济研究》2012 年第 1 期。
吴要武、蔡昉：《中国城镇非正规就业：规模与特征》，《中国劳动经济学》2006 年第 4 期。
吴愈晓、吴晓刚：《城镇的职业性别隔离与收入分层》，《社会学研究》2009 年第 4 期。
项卫星、柳阳：《城市贫困女性权益缺失的制度经济学分析》，《人口学刊》2007 年第 4 期。
谢妍翰、薛德升：《女性非正规就业研究述评》，《人文地理》2009 年第 6 期。
姚宇：《灵活就业者的特征分析》，国家发改委、世界银行：中国劳动力市场政策研讨会，2006 年。
姚宇：《国外非正规就业研究综述》，《国外社会科学》2008 年第 1 期。
姚宇：《中国城镇非正规就业》，博士学位论文，复旦大学，2005 年。
姚宇：《中国非正规就业规模与现状研究》，《中国劳动经济学》2006 年第 2 期。
姚宇、张丽：《灵活就业者社会保障体系建设的思考》，《中国金融》2007 年第 23 期。
姚先国、谢嗣胜：《西方劳动力市场歧视理论综述》，浙江大学劳动经济与公共政策研究中心工作论文。
燕晓飞：《非正规就业劳动者的社会保障问题与对策研究》，《湖北社会科学》2009 年第 8 期。
杨河清、王守志：《劳动经济学》，中国人民大学出版社 2006 年版。
杨慧：《社会性别视角下的流动人口社会保障状况研究》，《西北人口》2011 年第 4 期。
杨菊华、谢永飞：《女性受教育状况的纵向变动及其性别比较》，《中国妇女报》2013 年 4 月 2 日。
易定红、廖少宏：《中国产业职业性别隔离的检验与分析》，《中国人口科学》2005 年第 4 期。
战新华：《重新审视城镇女性失业—— 从“五普”数据看中国女性就业

问题》,《人口与经济》2004 年第 10 期。

张彦:《非正规就业:概念辨析及价值考量》,《南京社会科学》2010 年第 4 期。

张欣驰:《非正规女性收入不到男性收入一半》,《劳动报》电子版 2013 年 9 月 18 日第 12 版。(http://gov.eastday.com/ldb/node41/node2151/20130918/n31474/n31486/u1ai163848.html)

张莉琴、杜凤莲、董晓媛:《社会性别与经济发展:经验研究方法》,中国社会科学出版社 2012 年版。

张抗私:《社会排斥与劳动力市场分割——以性别歧视为例》,《财经问题研究》2009 年第 5 期。

赵人伟、李实、卡尔·李思勤:《中国居民收入分配再研究》,中国财经出版社 1999 年版。

赵耀辉:《中国农村劳动力流动及教育在其中的作用——以四川省为基础的研究》,《经济研究》1997 年第 2 期。

郑功成:《中国流动人口的社会保障问题》,《理论视野》2007 年第 6 期。

中国农民工问题研究总报告起草组:《中国农民工问题研究总报告》,《改革》2006 年第 5 期。

中华人民共和国人力资源和社会保障部:《生育保险办法(征求意见稿)》,2012 年 11 月。

后　　记

本书是以我的博士论文为基础而撰写的，也是近几年来对非正规就业研究的体会和心得。

回顾在首都经济贸易大学劳动经济学院的三年学习生活，我首先要感谢我的导师童玉芬教授。一直以来，童老师对于工作的热情和对研究工作的热爱和忘我的投入精神，深深地感染了我。童老师严谨的治学态度和科学的工作方法给了我极大的帮助和影响。感谢杨河清教授，他的教诲使我对劳动经济学有了进一步的认识和热爱。感谢劳动经济学院，让我感受到了在国家级重点学科中学习的骄傲与艰辛。

此外，我还要非常感谢中国女经济学者研究培训项目，特别感谢加拿大的董晓媛教授、北京大学的赵耀辉教授，是他们把我领入了劳动经济学的研究领域，并使得劳动经济学成为我今后研究的方向。也感谢那些和我志同道合共同努力的姐妹们!

在关于女性非正规就业的研究中，我得到了福特基金会的支持，并与联合国社会发展研究所的 Sarah Cook 博士进行了合作研究，在此一并表示感谢。

最后感谢的是我的家人，尤其是我的女儿，他们是我前进的动力和方向，感谢家人的理解、支持和宽容。

在本书的写作过程中，我深深感到从性别视角对非正规就业的研究还有很多不足，关于非正规就业相关数据的统计仍旧非常缺乏，我希望今后在此领域能够进一步进行研究。

由于水平有限，本书肯定存在很多不足，请读者批评指正。

袁霓

2014 年 1 月于北京